आशीषवशिष्ठविरचितः

कारकरसार्णवः

CANADIAN
Academic Publishing

2014

Āshīshvashisathvirachitah

Kārakrasārñavah

Ashish Vashisath

CANADIAN
Academic Publishing

2014

Kārakrasārñavah by Ashish Vashisath

Language : Sanskrit

Price : $30.86

First Edition : 2014

ISBN : 978-0-9921651-7-8

Publisher ISBN Prefix : 978-0-9921651

ISBN Allotment Agency : Library and Archives Canada (Govt. of Canada)

Published & Printed by
Canadian Academic Publishing
81, Woodlot Crescent,
Etobicoke,
Toronto, Ontario, Canada.
Postal Code- M9W 6T3
Phone- +1 (647) 633 9712
http://www.canadapublish.com

ग्रन्थसमर्पणम्

भीण्डाकुले समुत्पन्नो दृष्टिगतः स्वधामनि ।

सम्प्राप्तः पितृरूपो यो राजुस्तस्मै नमो नमः ।।

कुटुम्बोन्नतिकर्ता हि कुलरक्षैकलक्ष्यकः ।

सुखकर्ता दुखाहर्ता यस्तस्मै राजवे नमः ।।

बुद्धिरायुः यशः शान्तिः संस्कारश्च गृहे तथा ।

ते राजुकृपया लब्धाः तस्मै ग्रन्थं समर्पये ।।

आशीर्वचनम्
शुभाशंसा

श्रीराशिषवशिष्ठस्य श्रीकारकरसार्णवे ।

व्याकरणेतिशास्त्रस्य श्रेष्ठाचार्यपरम्परा ॥

कारकलक्षणभेदाश्च कारकसूत्रसंग्रहे ।

अकारादिक्रमेणात्र पद्यव्याख्यानता शुभा ॥

मङ्गलाचरणं श्रेष्ठं जन्मभूमिस्मृतौ ।

बालबोधविकासाय भ्राता माता पिता स्मृताः ॥

शर्मसुरेशचन्द्रस्य ह्यात्मजोऽयं शुभात्मनः ।

श्रीराशिषवशिष्ठोऽयं श्रेष्ठः स्वोपज्ञलेखने ॥

व्याख्यानं पद्यरूपेण शास्त्रीयपरम्परानुगम् ।

शास्त्रमर्मज्ञताबोधे चिन्तने शाब्दबोधता ॥

नैपुण्यं सौष्ठवं दृष्टं हि कारकरसार्णवे ।

सौदाहृता शुभा व्याख्या बालबोधविकासिका ॥

श्लोकेषु वर्तते सेयं व्याकरणरसामृता ।

व्याकरणे रसः श्रेष्ठः स्फोटः शब्दो गुणो ध्वनिः ॥

शुभग्रन्थप्रचाराय यशोविद्यादिलब्धये ।

आशीर्वादाः प्रदीयन्ते कमलचन्द्रयोगिना ॥

प्रो. कमलचन्द्रयोगी,
आचार्यः, व्याकरणविभागः,
राष्ट्रियसंस्कृतसंस्थानम्,
जयपुरपरिसरः, जयपुरम्, राजस्थानम्

विषयानुक्रमणिका

विषयानुक्रमणिका

विषयानुक्रमणिका

विषयानुक्रमणिका

प्रस्तावना

वागेव विश्वा भुवनानि जज्ञे वाच इत्सर्वममृतं यच्चमर्त्यम् ।
अथेद्वाग्बुभुजे वागुवाच पुरुषा वाचो न परं यच्च नाह ।। इति ।।

वाच एव शब्दब्रह्मत्वं सर्वप्रकृतित्वञ्च । वाग्विकासः भाषाविकासश्च वेदादेव । मनुनाऽपि समर्थितमेतत् –

सर्वेषां तु नामानि कर्माणि च पृथक् पृथक् ।
वेदशब्देभ्य एवादौ पृथक् संस्था च निर्ममे ।।

यादृशो विभागः सम्प्रति प्राप्यते लौकिकवैदिकशब्देषु , न तादृशो तस्मिन् समयेऽऽसीत्। यथा मीमांसायां जैमिनिः कथयत्यपि –

प्रयोगचोदनाभावादर्थैकत्वमविभागात् । (मीमांसा १।३।३०)

एवमेवास्य व्याख्यानभूताः शबरस्वामिनस्तु ब्रुवन्ति यत् –

य एव लौकिकास्त एव वैदिकास्त एव च तेषामर्थाः ।।

परञ्च सम्प्रति महाभाष्यनाट्यशास्त्रादिकस्य वचनानि लौकिकवैदिकशब्दानां भेदे प्रयोजनसिद्धित्वेन प्रयुक्तानि । यथा महाभाष्यग्रन्थस्य – "केषां शब्दानां , लौकिकानां वैदिकानां च।" इति वचनमनुसृत्योभयोः मध्ये भेदाकलनमाकलयन्ति विचक्षणाः। एवमेव नाट्यशास्त्रस्य "शब्दा ये लोकवेदसंसिद्धा" इति वचनमपि तथैव प्रयुज्यते। अत्र भाषाविज्ञानं तु व्याकरणान्तरेण कथमपि न सम्भवति । व्याकरणं नाम तु भाषायाः व्युत्पत्तिपरकं विश्लेषणमस्ति । व्युत्पत्तिपरकविश्लेषणस्य सिद्धान्तोऽयं नैवाधुनिकः । सिद्धान्तोऽयन्तु वेद एवोपलभ्यते। तत्र तत्र वेदे पदानामर्थनिर्णयाय व्युत्पत्तिकथनं दृश्यत एव –

"यज्ञेन यज्ञमयजन्त देवाः।(ऋग्वेदे १।१६४।५०)"
"ये सहांसि सहसा सहन्ते।(ऋग्वेदे ६।६६।९)"
"तीर्थैस्तरन्ति । (अथर्ववेदे १८।४।८)"

अतः व्याकृतेः सिद्धान्तादिदं शास्त्रं व्याकरणं निरुच्यते। व्याकरणस्येतिहासः प्राचीनातिप्राचीनोऽस्ति । तत्र श्रीरामचन्द्रस्य कालेऽपि व्याकरणपठनं पाठनञ्च सुव्यवस्थितमासीत् । एतत्तु वाल्मीकीयरामीयणेऽपि विदितमस्ति । यथा –

"नानृग्वेदविनीतस्य नायजुर्वेदधारिणः ।
नासामवेदविदुषः शक्यनेव विभायुतम् ॥२३॥
नूनं व्याकरणं कृत्स्नमनेन बहुधा श्रुतम् ।
बहु व्याहरतानेन न किञ्चिदपभाषितम् ॥२९॥
न मुखे नेत्रयोश्चापि ललाटे च भ्रुवोस्तथा ।
अन्येष्वपि च सर्वेषु दोषः संविदितः क्वचित् ॥३०॥इति॥"

तत्र व्याकरणशास्त्रस्य प्रथमप्रवक्ता ब्रह्मा आसीत् । तदनन्तरं द्वितीयप्रवक्ता तु बृहस्पतिरासीत् । उक्तमपि ऋक्तन्त्रे -- **"ब्रह्मा बृहस्पतये प्रोवाच, बृहस्पतिरिन्द्राय, इन्द्रो भरद्वाजाय, भरद्वाज ऋषिभ्यः,ऋषयो ब्राह्मणेभ्यः** ।" इति॥ तत्र व्याकरणशास्त्रस्यास्य कर्तुः स्मर्तुश्च परमपराऽतीवविस्तृता । तस्य दिङ्मात्रमिह प्रस्तुयते –

आचार्यः/ग्रन्थकारः	आचार्यस्य/ग्रन्थस्य कालः	ग्रन्थनाम
शिवः (महेश्वरः)	11500 वि.पू.	शैवव्याकरणम्
बृहस्पतिः	10000 वि.पू.	-
इन्द्रः	9500 वि.पू.	ऐन्द्रव्याकरणम्
वायुः	9500 वि.पू.	-
भरद्वाजः	9300 वि.पू.	-
भागुरिः	4000 वि.पू.	-
पौष्करसादिः	3100 वि.पू.	-
चारायणः	3100 वि.पू.	-
काशकृत्स्नः	3100 वि.पू.	काशकृत्स्नव्याकरणम्
शन्तनुः	3100 वि.पू.	-
वैयाघ्रपद्यः	3100 वि.पू.	-
गार्ग्यः	3100 वि.पू.	-
गालवः	3100 वि.पू.	-
शाकल्यः	3100 वि.पू.	-
माध्यन्दिनिः	3000 वि.पू.	-

रौढिः	3000 वि.पू.	-
शौनकिः	3000 वि.पू.	-
गौतमः	3000 वि.पू.	-
आपिशलिः	3000 वि.पू.	आपिशलव्याकरणम्
काश्यपः	3000 वि.पू.	-
चाक्रवर्मणः	3000 वि.पू.	चाक्रवर्मणव्याकरणम्
भारद्वाजः	3000 वि.पू.	भारद्वाजवार्तिकानि
शाकटायनः	3000 वि.पू.	शाकटायनव्याकरणम्
सेनकः	2950 वि.पू.	-
स्फोटायनः(औदुम्बरायणः)	2950 वि.पू.	-
पाणिनिः	2900 वि.पू.	अष्टाध्यायी,धातुपाठः,गणपाठः,शिक्षा,उणादि, लिङ्गानुशासनम्, जाम्बवतीविजयम्
कात्यायनः	2900 वि.पू.	वार्तिकानि,स्मृति,उभयसारिकाभाण, भ्राजश्लोकं
श्वोभूतिः	2900 वि.पू.	वृत्तिग्रन्थः
व्याडिः	2800 वि.पू.	संग्रहः
पतञ्जलिः	2000 वि.पू.	महाभाष्यम्,महानन्दकाव्यम्,योगशास्त्रम्
कुणिः	2000 वि.पू.	-
माथुरः	2000 वि.पू.	-
कातन्त्रकारः शर्ववर्मा	2000 वि.पू.	कातन्त्रव्याकरणम्
चन्द्रगोमी	1000 वि.पू.	चान्द्रव्याकरणम्
भर्तृहरिः	400 वि.पू.	वाक्यपदीयम्, स्वोपज्ञवृत्तिः,महाभाष्यदीपिका
वररुचिः(श्रुतिधरः)	विक्रमसमकालीनः	निरुक्तसमुच्चयः,अष्टाध्याय्याः वृत्तिः
क्षपणकः	1 वि. शती.	क्षपणकव्याकरणम्

अमरसिंहः	300-400 वि.सं.	अमरकोशे-लिङ्गादिसंग्रहः
देवनन्दी	500 वि. सं.	शब्दावतारन्यासः,जैनेन्द्रशब्दानुशासनम्
दुर्विनीतः	539-569 वि. सं.	शब्दावतारः
दुर्गसिंहः	600-680 वि. सं.	कातन्त्रवृत्तिः
जयादित्य-वामनौ	650-700 वि. सं.	काशिका
मण्डनमिश्रः	695 वि. सं.	स्फोटसिद्धिः
चुल्लि भट्टिः	700 वि. सं.	अष्टाध्यायी-वृत्तिः
निर्लूरः	700 वि. सं.	-
भागवृत्तिकारः भर्तृहरिः	702 वि. सं.	भागवृत्तिः
भट्ट अकलङ्कः	700-800 वि. सं.	व्याकरणग्रन्थः, मञ्जरीमकरन्द-टीका
पाल्यकीर्तिः(शाकटायनः)	871-924 वि. सं.	धातुपाठः,उपसर्गार्थः,तद्धितसंग्रहः, अमोघवृत्तिः
अभयनन्दी	974-1035वि. सं.	महावृत्तिः(जै. व्या.)
गुणनन्दी	910-960 वि. सं.	शब्दार्णवम्
शिवस्वामी	914-940 वि. सं.	व्याकरणग्रन्थः
जिनेन्द्रबुद्धिः	900-1090 वि. सं.	न्यासः(काशिकाविवरणपञ्जिका)
इन्दुमित्रः	800-1150 वि. सं.	अनुन्यासः, इन्दुमती
प्रभाचन्द्राचार्यः	1075-1125वि.सं.	शब्दाम्भोजभास्करन्यासः,प्रमेयकमलमार्तण्डः
महाराजभोजदेवः	1075-1110वि.सं.	सरस्वतीकण्ठाभरणम्
बुद्धिसागरसुरिः	1080 वि. सं.	पञ्चग्रन्थी(बुद्धिसागरः)
दयालपालमुनिः	1082 वि. सं.	रूपसिद्धिः
ज्येष्ठकलशः	1085-1135वि.सं.	महाभाष्य-टीका
क्षीरस्वामी	1100 वि. सं.	क्षीरतरङ्गिणी
पुण्यराजः	11 शताब्दी वि. सं.	वाक्यपदीयद्वितीयकाण्डस्य व्याख्याग्रन्थः

हेलाराजः	11 शताब्दी वि. सं.	वाक्यपदीयस्य व्याख्यानग्रन्थः
श्रीपतिदत्तः	1100 वि. सं.	कातन्त्रपरिशिष्टम्
कैय्यटः	1100 वि. सं.	महाभाष्यप्रदीपः
उग्रभूतिः	11 शताब्दी वि. सं.	शिष्यहितन्यासः
हरदत्तमिश्रः	1115 वि. सं.	पदमञ्जरी,महापदमञ्जरी, परिभाषाप्रकाशः
विद्यासागरमुनिः	1115 वि. सं.	प्रक्रियामञ्जरी
रामदेवमिश्रः	1115-1370 वि.सं.	वृत्तिप्रदीपः
धर्मकीर्तिः	1140 वि. सं.	रुपावतारः
मैत्रेयरक्षितः	1145-1175 वि.सं.	महाभाष्य-टीका, दुर्घटवृत्तिः,तन्त्रप्रदीपः
हेमचन्द्रसूरिः	1145-1229 वि.सं.	सिद्धहेमशब्दानुशासनम्
वर्धमानः	1150-1225 वि.सं.	गणरत्नमहोदधिः
अनुभूतिस्वरूपाचार्यः	1150 वि. सं.	सारस्वतव्याकरणम्
सोमप्रभदेवसूरिः	1162 वि. सं.	शब्दार्णवचन्द्रिका
मलयगिरिः	1188-1250 वि.सं.	शब्दानुशासनम्,प्राकृतव्याकरण्,धातु पारायणम्
पुरुषोत्तमदेवः	1200 वि. सं.	प्राणपणा,भाषावृत्तिः,दुर्घटवृत्तिः,कार ककारिका
उमापतिः	1200 वि. सं.	कातन्त्र-व्याख्या, पारिजातहरणम्
विजयानन्दः	1200 वि. सं.	कातन्त्रोत्तरम्
आर्य श्रुतिकीर्तिः	1200 वि. सं.	पञ्चवस्तु(प्रक्रियाग्रन्थः)
यक्षवर्मा	12 शताब्दी वि. सं.	चिन्तामणि(वृत्तिः)
भद्रेश्वरसूरिः	1200 वि. सं.	दीपकम्
हरियोगी	1200 वि. सं.	शाब्दिकाभरणम्
भाष्यकारः(अज्ञातः)	1200 वि. सं.	भाष्यम् (जै.व्या.)
देवः	12 शताब्दी वि. सं.	दैवम्

उज्जवलदत्तः	1200 वि. सं.	पञ्चपादी-उणादिवृत्तिः
राजश्रीधातुवृत्तिकारः (अज्ञातः)	1215 वि. सं.	राजश्रीधातुवृत्तिः
अज्ञातः	1215 वि. सं.	नाथ-धातुवृत्तिः
अज्ञातः	1215 वि. सं.	महान्यासः
शरणदेवः	1230 वि. सं.	दुर्घटवृत्तिः
धनेश्वरः	1250-1300	चिन्तामणिः,प्रक्रियीरत्नमणिः
कश्यपभिक्षुः	1257 वि. सं.	बालबोधिनी (चान्द्रवृत्तिः)
सीरदेवः	1200-1400वि.सं.	परिभाषावृत्तिः
अज्ञातः	1300 वि. सं.	प्रक्रियारत्नम्
त्रिविक्रमः	13 शताब्दी वि. सं.	उद्योत-टीका
क्रमदीश्वरः	1300 वि. सं.	संक्षिप्तसारव्याकरणम्,रसवती
अनुभूतिस्वरूपः	1300 वि. सं.	सारस्वतप्रक्रिया
बोपदेवः	1325-1370 वि.सं.	मुग्धबोधः,कविकल्पद्रुमः,कामधेनुः
जगद्धरभट्टः	1350 वि. सं.	बालबोधिनी (का.व्या.)
सायणः	1372-1444 वि.सं.	माधवीयधातुवृत्तिः
जिनप्रभसूरिः	1352 वि. सं.	कातन्त्रविभ्रमः
अभयचन्द्रः	14 शताब्दी वि.सं.पूर्वार्धः	प्रक्रियासङ्ग्रहः
अज्ञातः	14 शताब्दी वि. सं.	अमोघविस्तरः
विमलसरस्वती	1400 वि. सं.	रूपमाला
पद्मनाभदत्तः	1400 वि. सं.	सुपद्मः
रामचन्द्राचार्यः	1450 वि. सं.	प्रक्रियाकौमुदी
पुण्डरीकाक्षविद्यासागरः	1450-1550वि.सं.	कातन्त्र-वृत्तिः
गुणरत्नसूरिः	1466 वि. सं.	क्रियारत्नसमुच्चयम्
शेषनारायणः	1500-1550वि.सं.	सूक्तिरत्नाकरः

चिन्तामणिः	1500-1550 वि.सं.	महाभाष्यकैयटप्रकाशः
चक्रपाणिदत्तः	1500-1550 वि.सं.	प्रक्रियाप्रदीपः,प्रौढमनोरमाखण्डनम्
विष्णुशेषः	1500-1550 वि.सं.	परिभाषाप्रकाशः
श्रीकृष्णः	1514 वि. सं.	प्रक्रियाकौमुदीप्रकाशः
मलययज्वा	1525 वि. सं.	-
रामचन्द्रसरस्वती	1525-1550 वि.सं.	कैयटलघुविवरणम्
विट्ठलः	1536 वि. सं.	प्रक्रियाकौमुदीप्रसादः
तिरुमलयज्वा	1550 वि. सं.	अनुपदा
शेषनागनाथः	1550 वि. सं.	महाभाष्यप्रदीपोद्यतनम्
अमृतभारती	1550 वि. सं.	सुबोधिनी
पुञ्जराजः	1550 वि. सं.	प्रक्रिया
सत्यप्रबोधः	1556 वि. सं.	दीपिका
ईश्वरानन्दसरस्वती	1550-1600 वि.सं.	महाभाषायप्रदीपविवरणम् (वृहद्)
अन्नम्भट्टः	1550-1600 वि.सं.	प्रदीपोद्योतनम्, पाणिनीय मिताक्षरा
भट्टोजिदीक्षितः	1570-1650 वि.सं.	शब्दकौस्तुभः,वै.सिद्धान्तकौमुदी, प्रौढमनोरमा
पण्डितराजजगन्नाथः	1570-1650 वि.सं.	मनोरमाकुचमर्दनी
अप्पय्यदीक्षितः	1575-1650 वि.सं.	सूत्रप्रकाशः
माधवः	1591 वि. सं.	सिद्धान्तरत्नावली
रमानाथः	1593 वि. सं.	मनोरमा
रघुनाथः	1600 वि. सं.	लघुभाष्यम्
परमेश्वरः	16 शताब्दी वि. सं.	गोपालिका
जयन्तः	16 शताब्दी वि. सं.	तत्त्वचन्द्रः
नारायणभट्टः	16 शताब्दी वि. सं.	प्रक्रियासर्वस्वः
विष्णुमित्रः	1600 वि.सं.(संशयः)	क्षीरोदरः

नीलकण्ठवाजपेयी	1600-1675 वि.सं.	भाष्यतत्त्वविवेकः,पाणिनीयदीपिका, सुखबोधिनी, गूढार्थदीपिका, परिभाषावृत्तिः
शेषविष्णुः	1600-1650 वि. सं.	महाभाष्यप्रकाशिका
शिवरामेन्द्रसरस्वती	1600-1675 वि. सं.	महाभाष्यरत्नाकरः
विश्वेश्वरसूरिः	1600-1650 वि. सं.	व्याकरणसिद्धान्तसुधानिधिः
कौण्डभट्टः	1600-1675 वि. सं.	वैयाकरणभूषणसारः
मेघरत्नः	1614 वि. सं.	ढुढिंका (दीपिका)
चारित्रसिंहः	1625 वि. सं.	अवचूर्णिः
वासुदेवभट्टः	1634 वि. सं.	प्रसारः
रामभट्टः	1650 वि. सं.	विद्वत्प्रबोधिनी
गोपालकृष्णशास्त्री	1650-1700 वि. सं.	शाब्दिकचिन्तामणिः
रामसेवकः	1650-1700 वि. सं.	महाभाष्यप्रदीपव्याख्या
नारायणः	1654 वि. सं.	विवरणः
मण्डनः	1662 वि. सं.	टीका
काशीनाथभट्टः	1672 वि. सं.	भाष्यम्
भट्टगोपालः	1672 वि. सं.	सारस्वतव्याख्या
तर्कतिलकभट्टाचार्यः	1672 वि. सं.	सारस्वतस्य रूपान्तरम्
सहजकीर्तिः	1681 वि. सं.	प्रक्रियावार्तिकम्
रामानन्दः	1680-1720 वि. सं.	तत्त्वदीपिका
कुमारतातयः	17 शताब्दी वि. सं.	(पारिजातनाटकात् विदितो वैयाकरणः)
तिरुमलद्वादशाहयाजी	1700 वि. सं.	सुमनोरमा
हंसविजयगणिः	1708 वि. सं.	शब्दार्थचन्द्रिका
जगदीशतर्कालङ्कारः	1710 वि. सं.	शब्दशक्तिप्रकाशिका
नारायणशास्त्री	1710-1760 वि. सं.	महाभाष्यप्रदीपव्याख्या

रामाश्रयः	1714 वि. सं.	सिद्धान्तचन्द्रिका,लघुसिद्धान्तचन्द्रिका
रामकृष्णभट्टः	1715 वि. सं.	रत्नाकरः
सदाशिवः	1723 वि. सं.	महाभाष्यगूढार्थदीपिनी
नागेशभट्टः	1730-1810 वि. सं.	उद्योतः,बृहद्शब्देन्दुशेखरः,लघुशब्देन्दुशेखरः, परिभाषेन्दुशेखरः,लघुमञ्जुषा,परमलघुमञ्जुषा, स्फोटवादः,विषमपदी-टीका
वासुदेववाजपेयी	1740-1800 वि. सं.	बालमनोरमा
लोकेश्वरः	1741 वि. सं.	तत्त्वदीपिका
रङ्गनाथयज्वा(परिमलः)	1745 वि. सं.	मञ्जरीमकरन्दः, पूर्णिमा
वैद्यनाथपायगुण्डः	1750-1810 वि. सं.	छाया, प्रभा(शब्दकौस्तुभटीका)
सत्यप्रियतीर्थस्वामी	1794-1801 वि. सं.	हस्तलेखः
सदानन्दः	1799 वि. सं.	सुबोधिनी
स्वामीदयानन्दसरस्वती	1889-1940 वि. सं.	अष्टाध्यायी-भाष्यम्
ओरम्भट्टः	1900 वि. सं.	व्याकरणदीपिका
छलारी नरसिंहाचार्यः	1900 वि. सं.	शाब्दिककण्ठमणिः
यज्ञेश्वरभट्टः	1930 वि.सं.	गणरत्नावली
रामप्रसादद्विवेदी	1975 वि. सं.	सार्थपरिभाषापाठः
महाचन्द्रः	20 शताब्दी वि. सं.	लघुजैनेन्द्रः
गणपतिशर्मा	1917 ई.सन्	स्फोटसिद्धिन्यासविचारः
राजन् सिंहः	अ.प्राचीनः	शब्दबृहती
नारायणः	अ.प्राचीनः	महाभाष्यविवरणः(1654हस्तलेखः)
सर्वेश्वरदीक्षितः		महभाष्यप्रदीपस्फूर्तिः
राघवेन्द्राचार्यगजेन्द्रगढकरः	प्राचीनः	त्रिपथगा
प्रवर्तकोपाध्यायः	अ.प्राचीनः	महाभाष्यप्रकाशिका

आदेन्नः	प्राचीनः	महाभाष्यप्रदीपस्फूर्तिः
सर्वेश्वरसोमयाजी	प्राचीनः	महाभाष्यप्रदीपस्फूर्तिः
हरिरामः	प्राचीनः	महाभाष्यप्रदीपव्याख्या(आफ्रेक्ट बृ.सू.प.)
शङ्कररामः		नीवि-टीका(रूपावतारस्य)

वाचोऽन्वाख्यानरूपशास्त्रस्य शब्दशास्त्रस्यास्ति प्रामुख्यं वेदाङ्गेषु वेदाध्ययनाय तद्रक्षणाय च । वाचोऽन्वाख्यानं प्रकृतिप्रत्ययतत्तदर्थप्रदर्शनपुरस्सरं वर्तते । अस्याः व्याकृतेः व्याकरणशास्त्राधीनत्वेन शास्त्रेणानेन नानामार्गाः समाश्रिताः साधुत्वप्रतिपादनाय । व्याकरणशास्त्रे सम्प्रदायबाहुल्ये सत्यपि प्रधानप्रयोजनसिद्धिः शब्दधर्मिकसाधुत्वप्रतिपादनं तु भवत्येव । उक्तमपि –

“उपेयप्रतिपत्त्यर्था उपाया अव्यवस्थिताः” ॥ इति ॥

शब्दानुशासने उत्सर्गापवादशैलीमाश्रित्याष्टाध्यायसमन्वितः “अष्टाध्यायी” इति ग्रन्थः पाणिनीयव्याकरणवृक्षस्य मूलत्वेन राराजते। ग्रन्थेऽस्मिन् प्रत्यध्यायं पादचतुष्टयमस्ति । एवंप्रकारेण ग्रन्थेऽस्मिन् द्वात्रिंशत् पादानि वर्तन्ते । तेषु 3983 सूत्राणि सन्ति । तत्र सूत्रलक्षणं यथा निरुक्तं विचक्षणैः –

“अल्पाक्षरमसन्दिग्धं सारवद् विश्वतो मुखम् ।
अस्तोभमनवद्यञ्च सूत्रं सूत्रविदो विदुः” ॥ इति

एवमेवान्यदपि सूत्रलक्षणं वाचस्पतिमिश्रैः समुल्लेखितम् –

लघूनि सूचितार्थानि स्वाल्पाक्षरपदानि च ।
सर्वतः सारभूतानि सूत्राण्याहुर्मनीषिणः ॥ इति ॥

एवमेव सूत्राणां षड्विधत्वमेव सर्वत्र प्रसिद्धम् । उक्तमपि –

"संज्ञा च परिभाषा च विधिर्नियम एव च ।
अतिदेशोऽधिकारश्च षड् विधं सूत्रलक्षणम्" ॥ इति॥

पाणिनीयव्याकरणस्य महत्त्वन्तु शब्दा अपि वक्तुं न पारयन्ति । पाणिनीयव्याकरणे कृत्तद्धितप्रत्ययानां यादृशं महत्त्वं दरीदृश्यते, तथैव तादृशं महत्त्वं कारकप्रत्ययानामपि वर्तते । शब्दैकसाध्यवन्तः वैयाकरणाः शब्दस्य ब्रह्मतत्त्वं मन्यमानाः सन्ति । यथा ब्रह्मणः सकाशात् जायमाना कर्तृकर्मादिस्थितिरवलोक्यते, तथैव शब्दा अपि लोके

कर्तृकर्मादिविषयकव्यवहारसञ्चालकाः सन्ति । लोके कारकाणामेतादृशं महत्त्वं दृश्यते । तत्र कारकलक्षणं किन्तावतदिति बुद्धौ कारकलक्षणं बहुधाऽवदत् । तत्र “क्रियानिमित्तत्वं कारकत्वम्”, “विभक्त्यर्थद्वारा क्रियान्वयित्वं मुख्यभाक्तसाधारणं कारकत्वम्”, “कर्तृत्वकर्मत्वादिषट्कान्यतमद्वारा क्रियान्वयित्वं कारकत्वम्”, “क्रियान्वितविभक्त्यर्थान्वितत्वं क्रियानिवर्तकत्वं वा कारकत्वम्” इत्यादयो निरुच्यन्ते । तत्र “क्रियानिमित्तकत्वं कारकत्वमि”ति नानाशास्त्रविचक्षणैः स्वीकृतम् । यथा न्यायवार्तिककारः **“सामान्यं च कारकाणं क्रियानिमित्तत्वमि”**ति न्यायवार्तिकग्रन्थे प्रतिपादयति । एवमेव कलापव्याकरणस्य वृतावपि कथितमस्ति यत्-

“क्रियानिमित्तं कारकं लोकतः सिद्धम् ।” इति।। (२.४.१५)

वाचस्पतिमिश्रेणापि न्यायवार्तिकतात्पर्यटीकायां सिद्धान्तोऽयं प्रोक्तः – **“क्रियानिमित्तस्य च कारकत्वादि”**ति । भोजोऽपि **“क्रियानिमित्तं कारकमि”**ति वचनं श्रृङ्गारप्रकाशे प्रतिपादितमस्ति। परञ्च कारकस्य क्रियानिमित्तत्वं लक्षणत्वेनास्वीकार्यमस्ति । कारकस्य क्रियाप्रेरकनिमित्तत्वे हि चैत्रस्य तण्डुलं पचतीत्यादौ चैत्रस्यापि कारकत्वं स्यात् । यथा सम्प्रदाने दानानुमतिप्रकाशनद्वारा दातरि सम्प्रदानं भवति, तस्येव सम्बन्धिनो हि चैत्रस्यापि क्रियानिमित्तत्वं तु भवत्येव । एवञ्च “विभक्त्यर्थद्वारा क्रियान्वयित्वं मुख्यभाक्तसाधारणं कारकत्वमि”ति लक्षणेऽपि चैत्रस्य पचति इत्यत्र सैव दोषसम्भावना । एवमेव कारकस्य निर्दोषलक्षणं यथोच्यते – “कर्तृत्वकर्मत्वादिषट्कान्यतमद्वारा क्रियान्वयित्वं कारकत्वम्”, “क्रियान्वितविभक्त्यर्थान्वितत्वं क्रियानिवर्तकत्वं वा कारकत्वमि”ति । तत्र कारकविषये महाभाष्यकारः कथयति यत् – “कारकमिति महती संज्ञा क्रियते... तत्र महत्या संज्ञायाः करणे एतत्प्रयोजनं यथाऽन्वर्थसंज्ञा विज्ञायेत- करोति इति कारकम्” इति । कारकाणि स्वव्यापारेणावन्तरक्रियाद्वारेण वा केनापि प्रकारेण प्रधानक्रियोत्पतौ कारकाणि सहायकानि वा भवन्ति । अतः सर्वेषामेव तेषां प्रधानक्रियायामन्वयः। तत्र क्रियानिष्पादकत्वरूपकारकस्य षड्विधत्वमस्ति –

“कर्ता कर्म च करणं सम्प्रदानं तथैव च ।
अपादानाधिकरणमित्याहुः कारकाणि षट्” ।। इति ।।

तत्रानुक्ते तु कर्तरि तृतीया “कर्तृकरणयोस्तृतीया” इति सूत्रव्यवस्थया । “प्रकृतधातुवाच्यव्यापाराश्रयत्वं कर्मत्वमि”ति परिभाषितमस्ति । भगवांस्तु “स्वतन्त्रः कर्ता” क्रियायां स्वातन्त्रेण विवक्षितोऽर्थः कर्ता स्यादिति व्यवस्थां ददाति । यदि स्थालीनिष्ठव्यापारः प्रकृतपचिविवक्षितो भवति तदा स्थाल्याः स्वातन्त्र्येण कर्तृसंज्ञा, परन्तु यदि पचेर्देवदत्तादिव्यापारो विवक्षितो भवति, तदा स्थाली परतन्त्रा, तेन साऽधिकरणत्वं भजते । यथोक्तं महाभाष्ये – **“एवं तर्हि स्थालीस्थे यत्ने कथ्यमाने स्थाली स्वतन्त्रा कर्तृस्थे यत्ने कथ्यमाने परतन्त्रा”।(1/4/23)** एवमेव अनभिमुखस्याभिमुखीकरणं सम्बोधनमिति । परम्परया क्रियायामन्वयात् सम्बोधनेऽपि क्रियाजनकतारूपकारणताऽस्तीति

सम्बोधनप्रथमाया अपि कारकत्वमस्त्येव । यथा देवदत्त त्वं गच्छ इत्यत्र प्रथमं देवदत्तपदस्य त्वंपदेन सहान्वयः । ततः तादृशत्वंपदस्य गमनविषयकप्रेरणायामन्वयः । ततः तादृश्याः प्रेरणायाः स्वविषयीभूतगमनक्रियायामन्वयः । अतः परम्परान्वयोऽत्र दृश्यते । एवञ्च "कर्मत्वन्तु प्रकृतधात्वर्थप्रधानीभूतव्यापारप्रयोज्यप्रकृतधात्वर्थपलाश्रयत्वेनो-द्देश्यत्वमि"ति वर्तते।अनेन "घटं करोति", "काशीं गच्छन् पथि मृतः" इत्यादयः सिद्ध्यन्ते। एवमेव तत्र "चैत्रः काशीं गच्छति न प्रयागमि"ति प्रयोगे प्रयागस्यापि कर्मत्वसाधनाय परिभाषायामीप्सिततमपदस्य स्वविशिष्टयोग्यताविशेषे लक्षणा क्रियते । तथा च कर्मपरिभाषायामुद्देश्यत्वमिति उद्देश्यत्वविशेषयोग्यताशालित्वमिति बोद्धव्यम् । एवमेव "प्रकृतधात्वर्थप्रधानीभूतव्यापारप्रयोजनप्रकृतधात्वर्थफलाश्रयत्वम् अनीप्सितकर्मत्वमि"ति कर्मलक्षणं ज्ञेयमपरम् । तेन "तथायुक्तं चानीप्सितमि"ति सूत्रव्यवस्थया "अन्नं भक्षयन् विषं भुङ्क्ते", "ग्रामं गच्छन् तृणं स्पृशति" इत्यादयो जायन्ते। एवमेव "गां दोग्धि पयः" इत्यादिसिद्धये "कर्मसम्बन्धित्वे सत्यपादानादिविशेषाविवक्षितस्याकथितकर्मत्वं" कर्मलक्षणान्तरं बोद्धव्यम् । एवञ्च "स्वनिष्ठव्यापाराव्यवधानेन फलनिष्पादकत्वं करणत्वमि"ति ज्ञेयम् । अयमेव "साधकतमं करणमि"ति सूत्रे साधकतमपदस्यार्थः । यथा "दण्डेन घटं करोति" इत्यादौ दण्डनिष्ठव्यापारसमकालमेव घटरूपफलमपत्पद्यते इति दण्डस्य करणत्वम् । एवमेव "क्रियामात्रकर्मसम्बन्धाय क्रियायामुद्देश्यं यत्कारकं तत्त्वं सम्प्रदानमि"ति । यथा "ब्राह्मणाय गां ददाति" इत्यत्र दानक्रियाकर्मीभूतगोसम्बन्धाय ब्रह्मणो दानक्रियोद्देश्यः । गोब्राह्मणयोः स्वस्वामिभावसम्बन्धश्च । तेन ब्राह्मणस्य सम्प्रदानत्वसिद्धिः । एवञ्च "अकर्मकक्रियोद्देश्यत्वं सम्प्रदानत्वमि"ति लक्षणान्तरमपि ज्ञेयम् । तेन पत्युद्देश्यकं नायिकाकर्तृकं शयनमिति बोधके "पत्ये शेते" इत्यत्राकर्मकस्थलेऽपि सम्प्रदानत्वं जायते। तत्र "तत्तत्कर्तृसमवेततत्तत्क्रियाजन्यप्रकृतधात्ववाच्यविभागाश्रयत्वमपादानम्" । तदेवावधित्वम् । अत्र विभागः बुद्धिपरिकल्पितसम्बन्धपूर्वको बुद्धिपरिकल्पितोऽपि वर्तते, यथा वास्तवसम्बन्धपूर्वको वास्तवोऽस्ति । तेन "अश्वात् पतति" "माथुराः पाटलिपुत्रकेभ्य आढ्यतराः" इत्यादिसर्वेष्टसिद्धिः जायते । एवञ्च "कर्तृकर्मद्वारकफलव्यापाराधारत्वमधिकरणत्वमि"ति परिभाषितमस्ति। साक्षात्कर्तृकर्मणोः नैव तत् , परत्वात् कर्तृकर्मसंज्ञाभ्यां साक्षादाधारीभूते बाधात् । तेन "स्थाल्यामोदनं गृहे चैत्रः पचति" इत्यत्र कर्मद्वारकविक्लितिरूपफलाधारः स्थाली कर्तृद्वारकव्यापाराधारो गृहमित्यधिकरणत्वसिद्धिः । अत्र कारकातिरिक्तेऽपि विभक्तिविधानमस्ति वाक्यार्थावबोधाय । तेन "कारकप्रातिपदिकार्थव्यतिरिक्तः स्वस्वामिभावादिः सम्बन्धः शेषः" । तत्र शेषे षष्ठीविभक्तिविधानं भवति ।यथा "राजपुरुषः – राज्ञः पुरुषः" इत्यत्र राजनिरूपितसम्बन्धवान् पुरुषः इति बोधे षष्ठीवाच्यसम्बन्धस्याश्रयाश्रिभावेन पुरुषेऽन्वयः । एवंप्रकारेण वाक्यार्थावबोधाय कारकाणामावश्यकत्वं महत्त्वञ्च दरीदृश्यते ।

आशीषवशिष्ठः

कनिष्ठशोधानुसन्धाता, राष्ट्रियसंस्कृतसंस्थानम्

त्रिवेणीनगरम्,जयपुरम्

।। श्रीगणेशाय नमः ।।

(1)

हनुतिहनुमन्तं तं पाले चापि स्थितं प्रभुम् ।
पितृदेवं हि सर्वज्ञं प्रणम्य शिरसाऽधुना ।।

(2)

पुष्पादेव्याः ममत्वञ्च सुरेशशर्मणः सुखम् ।
भातृत्वं मनोजस्य प्राप्तकर्ताऽहमाशिषः ।।

(3)

बालबोधविकासाय रसेन स्मरणाय च ।
रचयामि यथाबुद्धि हि कारकरसार्णवम् ।।

1. अनभिहिते 2/3/1

अभिहितातिरिक्ते स्युः कर्मादिकारकाणि च।
अभिव्यास्त्रः चतुर्थी चाशिष्यायुष्येति पाणिनिः ।।4।।
अनुक्ते स्यात् द्वितीयादिरित्यधिकारपुण्यतः ।
उक्ते हि प्रथमैव स्यात् यथा च सेव्यते हरिः ।।5।।

2. कारके 1/4/23

क्रियानिष्पादकत्वं हि कारकत्वेन बुद्ध्यते ।
अन्वर्थद्वारकं भाष्यं तद् करोतीति कारकम् ।।6।।
कारकाणि हि कर्ता च कर्म च करणं यथा ।
सम्प्रदानमपादानं षडधिकरणं तथा ।।7।।
अष्टाध्याय्यां च पादे हि प्रथमस्य चतुर्थके ।
हेतुप्रयोक्तृसंज्ञान्तं कारकस्याधिकारिता ।।8।।

प्रथमाकारकम्

1. प्रातिपदिकार्थलिङ्गपरिमाणवचनमात्रे प्रथमा 2/3/46

ज्ञेया क्व प्रथमाबुद्धिः शङ्का यदा भवेत्तदा ।
शालातुरः स्मृतः तत्र प्रथमायाः विधायकः ॥9॥

नियतोपस्थितिर्यस्य तदर्थमात्रबोधने ।
प्रथमा हि भवेत्तत्र ज्ञानं श्रीः शङ्करस्तथा ॥10॥

लिङ्गमात्राधिकार्थे च मानमात्राधिकार्थके ।
तथा वचनमात्रेऽपि प्रथमा सर्वथा स्मृता ॥11॥

लिङ्गमात्राधिकार्थे ह्युच्यन्ते तटः तटी तटम् ।
मानमात्राधिकार्थे च द्रोणो व्रीहिरिति स्मृतम् ॥12॥

उदाहृतानि संख्यायाम् एकः द्वौ बहवस्तथा ।
उक्तार्थनियमाप्राप्ता शब्दसाधुप्रयोजिका ॥13॥

2. सम्बोधने च 2/3/47

सम्बोधनेऽधिके गम्ये भवति प्रथमा विधिः ।
ज्ञापने सम्मुखीकृत्य हे शिष्य बुद्धिमान् भव ॥14॥

सम्बोधनविभक्तिः तु विधेयविषया न च ।
अनुवाद्यविशेषे सा भाष्यतः कारकश्रुतिः ॥15॥

3. स्वतन्त्रः कर्ता 1/4/54

स्यात् क्रियाजनने कर्ता स्वातन्त्र्येण विवक्षितः ।
कारकाणां विवक्षत्वात् स्थाली पचति जायते ॥16॥

कर्तुः हि त्रिविधत्वञ्च स्वीकृतं हि विचक्षणैः ।
शुद्धः प्रयोजकश्चापि कर्मकर्ता तथा स्मृताः ॥17॥

द्वितीयाकारकम्-

1. अकथितं च 1/4/51

भवत्यकथितं चेति कर्मत्वमविवक्षिते ।
तत्त्वञ्च युज्यते यत्तद् दुहादीनां हि कर्मणा ॥18॥

द्वादशानां चतुर्णाञ्च स्यात् परिगणनं तथा ।
सः नटस्य श्रृणोतीति न सम्बन्धस्य कर्मता ॥19॥

अपादानादिभिः स्यात्तद् कारकमविवक्षितम् ।
करणरहितैरेतैः सर्वं नव्यमतिर्यथा ॥20॥

गां दोग्धि पय इत्यादौ विवक्षा ह्यस्ति कर्मणः ।
गोसम्बन्धिपयःकर्म शेष षष्ठीनिरासकम् ॥21॥

भावकालाध्वदेशानां कर्मसंज्ञा हि वाचकात् ।
अकर्मकप्रयोगे स्यात् सर्वमेतत् हि वार्तिकात् ॥22॥

कर्मविधायकं नैव पातञ्जले ह्यदर्शनात् ।
स्वाभाविकञ्च साकाङ्क्षं कर्मत्वं सर्वथा स्मृतम् ॥23॥

ग्रामादिभिन्नदेशे हि सः स्वपिति कुरूनिति ।
व्यापनार्थे हि सर्वं तत् कुरूषु स्वपितीत्यपि ॥24॥

2. अतिरतिक्रमणे च 1/4/95

अतिः पूजार्थविज्ञाने चातिक्रमणबोधने ।
द्वितीयाद्यर्थकं स्याद्धि कर्मप्रवचनीयकः ॥25॥

जीवनमति मोक्षो तद् आम्नायतत्त्वचिन्तनम् ।
अतिक्रमणबोधे हि तत्संज्ञाद्वारकेण सा ॥26॥

3. अधिपरी अनर्थकौ 1/4/93

कर्मप्रवचनीयौ च स्यातामधिपरी तथा ।
निरर्थके यथोक्तं तद् अधिपरी अनर्थके ।।27।।

अनर्थकविधेः भावे द्वितीया न प्रवर्तते ।
कर्मप्रवचनीयेऽपि तद्युक्ताभावकारणात् ।।28।।

कुतोऽध्यगच्छतीति त्वै न द्वितीया हि पञ्चमी ।
गतिबाधान्निघातो न तत्संज्ञाफलकारकात् ।।29।।

4. अधिशीङ्स्थाऽऽसां कर्म 1/4/46

स्यादाधारोऽधिपूर्वाणां शीङ्स्थाऽऽसां कर्मसंज्ञकः ।
एषामकर्मकाणां हि सकर्मकत्वसाधकम् ।।30।।

नाध्यतिष्ठत् वनोद्देशं तमिति नृपवाक् स्मृतात् ।
आधारे कानने तच्च नटगाथा यथा स्मृता ।।31।।

अधितिष्ठति वैकुण्ठमधिशेते हरिर्यथा ।
आसनशयनादीनामाधारस्य हि कर्मता ।।32।।

5. अनुर्लक्षणे 1/4/84

लक्ष्यलक्षणभावेऽनुः कर्मप्रवचनीयकः ।
हेतुत्त्वञ्चापि तेनैव द्योत्यतेऽचिह्नमात्रके ।।33।।

ये मृगानुगमं भर्तुरन्वगमन् जना इति ।
गमनं लक्षणीकृत्य द्वितीयात्र विधिः स्मृता ।।34।।

अनुवर्षति पर्जन्यो जपमिति प्रकीर्तितम् ।
प्रज्ञानं हि जपः तत्र लक्षणत्वेन बुद्ध्यते ।।35।।

पुनः सञ्ज्ञाविधानेन तद्धेतुभूतलक्षणे ।
हेतुभूततृतीया या प्राप्ता परापि बाध्यते ।।36।।

6. अन्तराऽन्तरेण युक्ते 2/3/4

अन्तरायोजने सैव याऽन्तरेणप्रयोजने ।
द्वितीयैव भवेत्तत्राप्रत्ययान्तं यदाऽव्ययम् ।।37।।

हरिः त्वामन्तरा मां सः तमन्तरेणनास्ति शम् ।
अव्ययद्वययोगेन शास्त्रमतं द्वितीयकम् ।।38।।

7. अपिः पदार्थसम्भावनान्ववसर्गगर्हासमुच्चयेषु 1/4/96

अपिः स्याच्च तदर्थेषु कर्मप्रवचनीयकः ।
सम्भावनार्थबुद्धिश्च द्योत्यतेऽपिना यदा ।।39।।

तत्राप्रयुज्यमानस्य पदस्यार्थेषु वेदितः ।
गर्हासमुच्चयार्थेषु चान्ववसर्गबुद्धिषु ।।40।।

अप्रयुक्तपदार्थस्य बिन्दोः द्योतनताऽपिना ।
तत्संज्ञकान्न षत्वं स्यात् अपि स्यात् सर्पिषो यथा ।।41।।

विष्णुमपि स्तुयाच्चेति तच्छक्त्युत्कर्षबोधनम् ।
वेदान्तपारगं हन्यादपीत्यौचित्यभावना ।।42।।

अपि स्तुहीति षत्वं न कामचारानुवेदनात् ।
अपिना द्योत्यते निन्दा सः वृषलमपि स्तुयात् ।।43।।

8. अभिनिविशश्च 1/4/47

तथाऽभिनिविशश्चेत्याधारे च पाणिनिः लघुः ।
अभिनिद्वन्द्वपूर्वस्य कर्मत्वं विशतेः स्मृतम् ।।44।।

अभिनिविशते हिंसां राजनेतेति दृश्यते ।
हिंसायां हि गतिं दृष्ट्वा कर्मत्वमुपजायते ।।45।।

व्यवस्थितविभाषा हि मण्डूकवच्च प्रौढता ।
भाष्यप्रयोगसिद्धिस्तु नव्यत्वेनापि सिद्ध्यते ।।46।।

पापे चाभिनिवेशो हि न जायते विभाषया ।
अविकृतस्य रूपस्य योनिरत्र परैः श्रुतः ।।47।।

9. अभिरभागे 1/4/91

अभिरपि तथा ज्ञेयः कर्मप्रवचनीयकः ।
परं सः भागवर्जेषु लक्षणादिषु कीर्तितः ।।48।।

जयः क्वेति हि शङ्कायां सः⌐ हरिमभि वर्तते ।
हरिलक्ष्यो जयः तत्र द्वितीया हि विधिः तथा ।।49।।

अभि सिञ्चन्ति ते देवं देवमिति व्यवस्थितम् ।
उपसर्गत्वराहित्यं हि भागार्थे तदान्यथा ।।50।।

10. उपान्वध्याङ्वसः 1/4/48

उपानुपूर्वकस्य स्यात् वस्धातोः कर्मता यथा ।
अध्याङ्पूर्वस्य वस्धातोराधारस्यापि तत्तथा ।।51।।

अधिवसति सत्त्वं यं सिंहमिति मनोबलम् ।
वसत्याधार एतत्तु तदा सिंहस्य कर्मता ।।52।।

अशेः निवृत्तिबोधे हि तदाधारे न कर्मता ।
भाष्योक्तवार्तिकस्यैव रूपान्तरं सुलौकिकम् ।।53।।

उपवसति सः ग्राम इत्यत्र हि न कर्मता ।
अभुक्त्यर्थस्य नेत्येषा फलितोक्तिः च वार्तिकात् ।।54।।

उभसर्वतसोः योगे द्वितीया वार्तिकेन हि ।
धिगुपर्यादिषु त्वै हि कृतद्विर्वचनेषु च ।।55।।

कृष्णं गोपालिकाः दृष्टाः वोभयतो हि सर्वतः ।
उपपदविभक्तित्वं द्वितीयाविधिकारकम् ।।56।।

उपर्युपरि लोकं रामोऽधोऽधोऽध्यधि वेति च ।
सामीप्यबोधकद्वित्वे लोकेन जायते च सा ।।57।।

नैव भजसि धिक् पापीं शिवाभक्तमिति स्मृतम् ।
निन्दायां गम्यते सा हि सम्बन्धे बोधने सदा ॥58॥

अभितःपरितःयोगे समयाहाप्रतिस्मृतौ ।
निकषायोजने ज्ञेया सा द्वितीया च वार्तिकात् ॥59॥

अभितः परितः कृष्णं गोपा इति समीपके ।
पार्श्वद्वये च सर्वेषु स्थितिं दृष्ट्वा हि लौकिकीम् ॥60॥

सरयुः समयाऽयोध्यामिति ज्ञेयं स्वलोकतः ।
अन्तिकार्थस्य सिद्धिश्च तेन च सा प्रयुज्यते ॥61॥

हा शिवशङ्करद्रोहिनं काशीं निकषा कथम् ।
निकषाहाप्रयोगे हि द्वितीयान्तं च दृश्यते ॥62॥

प्रतियाति न काशीं सः यो दुष्टत्वेन युज्यते ।
द्वितीया प्रतियोगे हि लक्षणादाववृत्तिके ॥63॥

11. उपोऽधिके च 1/4/87

कर्मप्रवचनीयत्वं यथाऽधिक्ये भवेत्तथा ।
हीने द्योत्ये च विज्ञेयं तद् उपेत्यव्ययस्य च ॥64॥

पुरुषमुप कान्ता न मन्तव्येति सुभावना ।
पुरुषात् हीनभावे हि द्वितीयोत्कर्षबोधनात् ॥65॥

उपान्ये शाब्दिकानां हि प्रामुख्यमिति कीर्तितम् ।
अन्यादधिकमुख्यत्वे द्योतने सप्तमी स्मृता ॥66॥

12. कर्तुरीप्सिततमं कर्म 1/4/49

आप्तुमिष्टतमं कर्तुः क्रियया कारकं हि यत् ।
कर्मसञ्ज्ञं भवेत्तच्च शब्दशास्त्रमतं यथा ॥67॥

कर्तुरेवेप्सितस्य स्यान्न त्वन्यकारकस्य च ।
अश्वं मासेषु बध्नाति यथा कर्तुः प्रयोजनम् ॥68॥

किं तमब्ग्रहणेनेति कर्मतोद्देश्यबोधकात् ।
पयसा ह्योदनं भुङ्क्ते इति गौणे भवेन्न तत् ॥69॥

सप्तविधं हि कर्म स्यात् क्रियाजन्याफलाश्रयम् ।
चतुर्धाऽनीप्सिते ज्ञेया त्रिधेप्सिततमे तथा ॥70॥

निर्वर्त्यञ्च विकार्यञ्च प्राप्यञ्चाकथितं यथा ।
उदासीनं तथा द्वेष्यं कर्म चाप्यन्यपूर्वकम् ॥71॥

13. कर्मणि द्वितीया 2/3/2

कर्मसंज्ञा भवेद् यस्य द्वितीयायाः विधिर्ततः ।
अनुक्त एव सर्वं स्यात् सः भजति हरिं यथा ॥72॥

14. कर्मप्रवचनीययुक्ते द्वितीया 2/3/8

कर्मप्रवचनीयैश्च द्वितीया स्याद्धि योजने ।
अपवादो हि विज्ञेयो गत्युपसर्गसंज्ञयोः ॥73॥

15. कर्मप्रवचनीयाः 1/4/83

क्रियां वै प्रोक्तवान् यः सः कर्मप्रवचनीयकः ।
तत्सम्बन्धविशेषं हि द्योतयति सतत्त्वतः ॥74॥

कर्मप्रवचनीयस्य कियत्क्षेत्रेऽधिकारता ।
विभाषा कृञि सूत्रान्तं तत्त्वप्रवर्तनं स्मृतम् ॥75॥

16. कालाध्वनोरत्यन्तसंयोगे 2/3/5

कालाध्वनोः हि संयोगे द्वितीयायाः विधिः स्मृता ।
नैरन्तर्यप्रयुक्तो हि संयोगश्चापि सर्वथा ॥76॥

गुणेन च यथा स्यात् सः द्रव्येन क्रियया तथा ।
अभावेनापि बोद्धव्यः सम्बन्धोऽत्यन्तकः परे ॥77॥

भ्रष्टाचारोऽस्ति वर्षं हि प्रशासने यथाऽधुना ।
गुणेन चात्र कालात् सा द्वितीयाऽत्यन्तयोगजा ॥78॥

सा मार्गवाचिनो ज्ञेया क्रोशमकुटिला नदी ।
मासं हि भोजनाभावः कालात् साऽभावबोधने ।।79।।

नैरन्तर्यस्य राहित्ये भागैकयोजने न सा ।
मासस्य द्विरधीते स इति षष्ठी भवेत्तथा ।।80।।

17. गतिबुद्धिप्रत्यवसानार्थशब्दकर्माकर्मकाणामणिकर्ता स णौ 1/4/52
अणिकर्ता भवेद्यः सः णौ पक्षे कर्मसंज्ञकः ।
गत्याद्यर्थस्य चाकर्मणां शब्दकर्मणां तथा ।।81।।

अणौ गमनकर्तारः शत्रवः णौ च के स्मृताः ।
शत्रूनगमयत्स्वर्गमिति णौ कर्मसंज्ञकम् ।।82।।

तत्रप्रयोज्यकर्तुश्च स्वस्य कर्मत्वसाधकम् ।
प्रयोजको हरिर्तत्र वेदार्थं स्वानवेदयत् ।।83।।

गतिबुद्ध्यादिकस्यैव कर्मत्वसाधिकाः स्थितिः ।
पाचयत्योदनं तेन रमेति णावकर्मता ।।84।।

कर्तुः कर्मनिषेधाय नीवह्योर्नेति वार्तिकम् ।
तत् वाहयति भृत्येन नाययतीति बुद्ध्यते ।।85।।

नियन्तृकर्तृकाणाञ्च वहयोगेऽनिषेधता ।
वाहयति बलीवर्दान् स इति पशुपालकः ।।86।।

आदिखाद्योर्न कर्मत्वं प्रत्यवसानलभ्यकम् ।
बटुना खादयत्यन्नं वाऽऽदयतीति जायते ।।87।।

भक्षधातुप्रयोगे तद् अणौ कर्ता न कर्म णौ ।
स्थितिरेषा ह्यहिंसार्थे हेतुमण्णिचि जायते ।।88।।

बटुना भक्षयत्यन्नमित्यहिंसार्थबोधने ।
भक्षयति बलीवर्दान् सस्यं हिंसाद्वयं स्मृतम् ॥89॥

जल्पतिप्रभृतीनामुपसङ्ख्यानमिति स्तुतम् ।
अणौ कर्तुः हि कर्मत्वं णिचि वार्तिककृत्मतैः ॥90॥

वा जल्पयति धर्मं सः पुत्रं भाषयतीति च ।
गत्यर्थविरहाच्चेतद् विलपाभाषजल्पने ॥91॥

दृशिर प्रेक्षणे धातोरणौ कर्ता हि कर्म णौ ।
निबध्नाति दृशेश्चेति वार्तिकं हि विचक्षणः ॥92॥

बुद्ध्या सामान्यरूपेण ज्ञानान्वितस्य कर्मता ।
तदर्थं हि निबध्नाति दृशिरधातुबोधकम् ॥93॥

पश्यन्ति हि हरिं भक्ताः प्रेरयति गुरुः यदा ।
दर्शयति हरिं भक्तान् तदा भवन्ति लौकिकाः ॥94॥

शब्दायेति क्यङन्तस्य प्राप्तमकर्मकेन यत् ।
अणौ कर्तुः हि कर्मत्वं न णिचि तद् भवेत्तथा ॥95॥

देशकालादिभिन्ना न कर्मसम्भावना यदा ।
तादृशाकर्मकत्वं हि सूत्रकारेण गृह्यते ॥96॥

18. तथायुक्तं चानीप्सितम् 1/4/50
ईप्सिततमवत् हि क्रियया युक्तमनीप्सितम् ।
कर्मसंज्ञा भवेत्तस्य तथायुक्तमिति स्मृतात् ॥97॥

ग्रामं गच्छंस्तृणं देवः स्पृशतीति भवेद्यथा ।
क्रियाजन्यफलाधारात् कर्म स्पृष्टादनीप्सितात् ॥98॥

19. तृतीयार्थे 1/4/85

द्योत्ये तत्र तृतीयार्थे साहित्यबोधकान्विते ।
अनुरिति द्वितीयार्थे कर्मप्रवचनीयकः ॥99॥

तैरन्ववसितं सिन्धुं वनमाप्तमिति स्मृतम् ।
सिन्धुना सह सम्बद्धे सर्वमेतद् विधीयते ॥100॥

20. लक्षणेत्थंभूताख्यानभागवीप्सासु प्रतिपर्यनवः 1/4/90

कर्मप्रवचनीयाः स्युः प्रतिपर्यनवः यथा ।
लक्षणभागवीप्सासु चार्थेषु विषयेषु हि ॥101॥

इत्थंभूतस्य चाख्याने ज्ञेयास्तथोक्तसंज्ञकाः ।
कर्मत्वेनाविवक्षायां द्वितीयार्थं प्रवर्तिताः ॥102॥

नेत्रे पोत्रं प्रतीमेऽस्य विद्योतेत इति स्थितिः ।
पोत्रं लक्षयतः नेत्रे कर्मप्रवचनीयता ॥103॥

आश्वस्तवचनः सः हि वृत्तिमनु पुरातने ।
आश्वासनविशेषं हि प्राप्तस्य वृत्तिबोधने ॥104॥

लक्ष्मीः हरिं परि ह्यस्ति यथा तद्भागबोधने ।
वीप्सायां भाष्यतः वृक्षं वृक्षं प्रति हि पक्षिणः ॥105॥

21. सुः पूजायाम् 1/4/94

कर्मप्रवचनीयत्वं सुरित्यस्य तथैव हि ।
प्रशंसाबोधने सर्वं सुः पूजायामिति स्मृतम् ॥106॥

भूमिमसौ सु सिक्तां हि कुरुत इति पूज्यता ।
उक्तसंज्ञकबोधेन षत्वविधिर्न जायते ॥107॥

22. हीने 1/4/86

कर्मप्रनवचनीयाय ह्यनुरित्यस्य सर्वथा ।
प्रतियोगिनिकृष्टत्वे हीन इति च सूत्रितम् ।।108।।

प्रधानमन्त्रिणं चानु निदेशकाः दुराचराः ।
निकृष्टस्यैव भावो वै द्योत्यतेऽत्राऽनुना तथा ।।109।।

23. हृक्रोरन्यतरस्याम् 1/4/53

हृक्रोरन्यतरस्यामिति विकल्पेण कर्मता ।
भवेत् प्रयोज्यकर्तुः हि प्राप्ताप्राप्तोभयात्मिका ।।110।।

हारयति कटं भृत्यं वा भृत्येनेति तद् द्वयम् ।
अत्र प्रयोज्यकर्तुः हि भृत्यस्य लक्षणान्तरात् ।।111।।

अभिवादिदृशोः ज्ञेयं तदात्मनेपदे तथा ।
अणिकर्तुः विकल्पं णौ कर्मसंज्ञकबोधने ।।112।।

अभिवादयते देवं भक्तं भक्तेन वेति च ।
आत्मनेपदयोगाद्धि भक्तेनैवान्यथा स्मृतम् ।।113।।

तृतीयाकारकम् —

1. अपवर्गे तृतीया 2/3/6

अपवर्गे तृतीयेति वै तृतीयाविधायकम्।
अत्यन्तसंप्रयोगे हि कालाध्वनोः फलागमे ॥114॥

अह्ना क्रोशेन वाऽधीतो ग्रन्थरिति प्रकीर्तितम्।
तत्प्राप्तिपूर्वकत्यागे नैरन्तर्यं हि गच्छति ॥115॥

2. इत्थंभूतलक्षणे 2/3/21

इत्थंभूतस्य सम्बन्धे तृतीया ज्ञापके तथा।
जटाभिस्तापसोऽस्तीति लक्ष्यलक्षणभाविका ॥116॥

3. कर्तृकरणयोस्तृतीया 2/3/18

विभक्तिः का भवेत्तत्र प्रकृष्टत्वोपकारके।
उच्यते हि तृतीयार्थं कर्तृकरणयोरिति ॥117॥

हतो बाली हि रामेण बाणेनेति च दृश्यते।
बाणाव्यवहितत्वेन बालीहननकारणात् ॥118॥

स्यात् प्रकृत्यादियोगे सा तृतीया ज्ञानकारिका।
प्रायेण याज्ञिकश्चेति ज्ञाप्यज्ञापकभावना ॥119॥

4. दिवः कर्म च 1/4/43

करणलक्षणान्यं हि स्यात् दिवः कर्म चेति तत्।
कर्मकरणसञ्ज्ञं च स्यात् साधकतमं दिवः ॥120॥

अक्षैर्देवयते तत्र कर्मत्वमपि जायते।
करणत्वात् तृतीयाऽपि लोकसिद्धप्रकाशनात् ॥121॥

5. येनाङ्गविकारः 2/3/20

ते येनाङ्गविकारो हि कथ्यन्ते लक्षणान्तरम्।
विकारे ह्यङ्गिनोऽङ्गेन स्यात् तृतीयाविधायकम् ॥122॥

अक्षिसम्बन्धिकाणत्वे काणश्चाक्ष्णेति कथ्यते ।
अवयवविकारे तु काणमस्याक्षि जायते ॥123॥

6. संज्ञोऽन्यतरस्यां कर्मणि 2/3/22

सम्पूर्वकस्य जानातेः कर्मणि वा तृतीयता ।
सञ्जानीते रमा पित्रा पितरं वेति शाब्दिकाः ॥124॥

7. सहयुक्तेऽप्रधाने 2/3/19

सहयुक्तेऽप्रधाने हि तृतीयार्थं च सूत्रितम् ।
साकंसार्धंसमंयोगे सहार्थे हि भवेत् तथा ॥125॥

वपति सह माषान् सः तिलैरिति सदेशके ।
सः स्थूलः सह पुत्रेण भवति हि तृतीयता ॥126॥

8. साधकतमं करणम् 1/4/42

क्रियासिद्धौ प्रकृष्टं हि करणसञ्ज्ञकं भवेत् ।
क्रियानिष्पत्तिकं तद् स्यात् व्यापाराव्यवधानकात् ॥127॥

साधकतममित्यत्र प्रकर्षत्वं किमर्थकम् ।
गङ्गायां तत्र घोषश्च तमबर्थाय कथ्यते ॥128॥

9. हेतौ 2/3/23

हेत्वर्थे च तृतीया स्यात् द्रव्यादित्रयरूपके ।
दृष्टो हरिः हि पुण्येन यथा भवति हेतुता ॥129॥

फलत्वेनापि हेतुश्च सूत्रकारेण गृह्यते ।
वसत्यध्ययनेनेति ज्ञानद्वारकहेतुता ॥130॥

क्रिया भवेत् प्रयोजिका गम्यमानाऽपि कारके ।
भवेदलं श्रमेणेति साधनकार्यतां प्रति॥131॥

अशिष्टव्यवहारे च चतुर्थ्यर्थे तृतीयता ।
दाणः प्रयोग एवेति वार्तिककारचिन्तनम् ॥132॥

तत्तृतीयाविधौ दास्या संयच्छते हि कामुकः ।
चतुर्थ्येवास्ति भार्यायै तद्धर्मशास्त्रसम्मतेः ॥133॥

चतुर्थीकारकम् —

1. अनुप्रतिगृणश्च 1/4/41

अनुप्रतिगृणश्चेति पूर्वव्यापारकर्तृकम् ।
स्याद् सम्प्रदानसंज्ञं हि गृणातेः कारकं तथा ॥134॥

प्रतिगरेण मन्त्रेण चोत्तरोत्तरशंसने ।
ओथामेत्यादिना ह्यस्ति होत्रे प्रतिगृणाति वै ॥135॥

2. कर्मणा यमभिप्रैति स सम्प्रदानम् 1/4/32

स्यात् सम्प्रदानसंज्ञा कस्येति चानिर्णये काले ।
कर्मणा यमभिप्रैति स सम्प्रदानमुच्यते ॥136॥

सम्प्रदानं त्रिधा ज्ञेयमनिराकरणादिकम् ।
सूर्यायार्घ्यं ददातीति गुरवे गां द्विजाय च ॥137॥

प्राच्यनवीनभिन्नत्वं दाधात्वर्थे सन्ति तत् ।
भाष्योक्तात् रजकायेति चाधीनीकरणार्थकात् ॥138॥

अकर्मकक्रियोद्देश्यत्वं सम्प्रदानता ह्यपि ।
क्रियया यमभिप्रैतीति कथयति वार्तिकम् ॥139॥

अकर्मकस्थले पत्ये शेते चेति हि जायते ।
ओदनं पचतीत्यादौ चरितार्थस्य बाधनम् ॥140॥

3. क्रियार्थोपपदस्य च कर्मणि स्थानिनः 2/3/14

क्रियार्थोपपदस्येति चतुर्थ्यर्थं हि कर्मणि ।
तस्याप्रयुज्यमानस्य तुमुन्नन्तस्य सूत्रितम्॥141॥

आहरणक्रियार्था च यानक्रिया हि जायते ।
तत्क्रियां प्रति कर्मत्वात् चतुर्थी फलवाचकात् ॥142॥

तमाहर्तुं च यातीति बोधे याति फलाय वै ।
नमस्कुर्मो नृसिंहाय चेत्यादयः विलोकिताः॥143॥

4. क्रुधद्रुहेर्ष्यासूयार्थानां यं प्रति कोपः 1/4/37

कोपो यं प्रति दृष्टो हि स तु स्यादुक्तसंज्ञकः ।
क्रुधाद्यर्थकधातूनां प्रयोगोऽपि समिष्यते ।।144।

हरिविषयकं कोपं करोतीत्यर्थबोधने ।
हरये क्रुध्यतीति स्यात् रावणनिष्ठकोपने ।।145।।

द्रुह्यति हरयेऽसूयति वेर्ष्यति ह्युदाहृतम् ।
भार्यामीर्ष्यति चेतत् स्यात् नरान्यं प्रति कोपने ।।146।।

5. क्रुधद्रुहोपसृष्टयोः कर्म 1/4/38

क्रुधद्रुहोः भवेद्योगे हि सोपसृष्टयोः यथा ।
तत्कारकस्य कर्मत्वं कोपो यं प्रति जायते ।।147।।

तमभिक्रुध्यति क्रुरमिति कर्मत्वसाधकम् ।
क्रुरं प्रति हि कोपस्य लौकिकन्यायदर्शनात् ।।148।।

6. गत्यर्थकर्मणि द्वितीयाचतुर्थ्यौ चेष्टायामनध्वनि 2/3/12

गत्यर्थकर्मणि स्यातां चेष्टायां चाध्वभिन्नके ।
वै द्वितीयाचतुर्थ्यौ हि पाणिनीयं मतं यथा ।।149।।

ग्रामं ग्रामाय गच्छेति दृश्यते लोकसिद्धता ।
मनसा हरिमित्यादौ द्वितीया स्यादचेष्टया ।।150।।

उत्पथेन पथे रामः गच्छतीति भवेद्यथा ।
तत्र तु स्याच्चतुर्थ्येव गन्तृव्याप्तार्थकारणात् ।।151।।

7. चतुर्थी सम्प्रदाने 2/3/13

कथं कदा च संज्ञा स्यात् चतुर्थीयोगकारिका ।
गूढार्थान्वितशास्त्राणां चिन्तनमेतदस्ति वै ।।152।।

चतुर्थी सम्प्रदानेऽस्ति संज्ञायाः फलकारकम् ।
चतुर्थीकरणं स्याच्च सम्प्रदानत्वद्योतकम् ।।153।।

पशुना यजते रुद्रं कर्मकरणयोः विधिः ।
यजेः हि सम्प्रदानस्य कर्मणश्च स्थले यथा ॥154॥

8. तुमर्थाच्च भाववचनात् 2/3/15

यो भाववचनाश्चेति सूत्रेण हि विधीयते ।
तदन्ताच्च तुमर्थात् स्याच्चतुर्थ्युपपदत्वजा ॥155॥

याति यागाय तत्रेति यष्टुमर्थे व्यवस्थितः ।
पाक इत्यादिकस्य स्यान्न चतुर्थ्यतुमर्थकात् ॥156॥

9. धारेरुत्तमर्णः 1/4/35

सम्प्रदानो धनस्वामि योगे धारयतेः तथा ।
धारयति हरिर्मोक्षं भक्तायेति ह्युदाहृतम् ॥157॥

10. नमःस्वस्तिस्वाहास्वदाऽलंवषड्योगाच्च 2/3/16

नमस्योगे यथा शेषे स्याच्चतुर्थी विधिर्यतः ।
स्वस्तिस्वाहादियोगे च तथा भवेद् विधिर्ततः ॥158॥

ॐ नमः वासुदेवाय श्रीशिवाय नमस्तथा ।
भवत्यत्र चतुर्थ्येव नमस्कारार्थकान्विते ॥159॥

नमस्करोति देवान् तद् इत्यन्यथापि जायते ।
न कारकविभक्तेश्च बलवत्त्वं हि कारणम् ॥160॥

उपपदविभक्तेः हि चतुर्थी चापि जायते ।
सामानाधिकरण्ये तु बलवत्त्वं न दृश्यते ॥161॥

देवान् नमस्यतीत्यादौ वाचकपक्षकृत्मते ।
नमस्करोति देवान् सः चेत्यपि द्योतकान्विते ॥162॥

अलमिति भवेत्तत्र पर्याप्त्यर्थस्य बोधकम् ।
तेन शक्तः समर्थो हि दैत्येभ्यो वा हरिर्प्रभुः ॥163॥

11. परिक्रयणे सम्प्रदानमन्यतरस्याम् 1/4/44

लभते सम्प्रदानत्वं साधकतमकारकम् ।
तत्परिक्रयणार्थे हि पक्षे करणसाधकम् ॥164॥

शतेन वा परिक्रीतः शतायेति विवक्षितः।
तत्सुवर्णादिकद्रव्यं साधकतमकारकम् ॥165॥

तादर्थ्ये च चतुर्थी स्यात् वार्तिककारचिन्तनात् ।
मुक्तये भजतीति स्यादुपकार्योपकारकः ॥167॥

क्लृपि सम्पद्यमाने चेति चतुर्थीविधायकम् ।
क्लृपिधातौ तदर्थे च वार्तिकं हि प्रकीर्तितम् ॥168॥

ज्ञानात्मपरिणामो हि भक्तिकार्येण जायते ।
तदर्थं स्याच्चतुर्थी वै भक्तिर्ज्ञानाय कल्पते ॥169॥

विद्यमानाच्चतुर्थी स्यादुत्पातेन हि सूचिते ।
वाताय कपिला विद्युदिति गूढार्थतत्त्वविद् ॥170॥

कथ्यते हितयोगे चेति चतुर्थ्यर्थवार्तिकम् ।
ब्राह्मणाय हितञ्चापि सुखमिति विचक्षणैः ॥171॥

12. प्रत्याङ्भ्यां श्रुवः पूर्वस्य कर्ता 1/4/40

प्रत्याङः सोपसृष्टस्य श्रृणोतेः हि सुयोजने ।
पूर्वस्य प्रेरणारूपस्य कर्तुः सम्प्रदानता ॥172॥

ब्राह्मणायाश्रृणोतीति विप्रकर्तृकयोजना ।
ब्राह्मणेन हि गां देहि मह्यमिति प्रवर्तितम् ॥173॥

13. मन्यकर्मण्यनादरे विभाषाप्राणिषु 2/3/17

तिरस्कारे चतुर्थी वा कर्मणि मन्यतेः भवेत् ।
कर्मणः प्राणिवर्जत्वं सूत्रकारेण गृह्यते ॥174॥

शुकश्रृगालवर्जे हि यथा वार्तिककृद्मतम् ।
नौकाकान्नस्य भिन्नेऽपि चतुर्थी कर्मणि स्मृता ॥175॥

तृणं तृणाय मन्ये न वेति वेत्ति विचक्षणः ।
दिवादिकस्य धातुत्वात् मन्वे न त्वां तृणं यथा ॥176॥

14. राधीक्ष्योर्यस्य विप्रश्नः 1/4/39

राधीक्ष्योर्यस्य विप्रश्न इति न्यायनिबन्धनम् ।
यस्य विषयकः प्रश्नःसम्प्रदानं हि तद् भवेत् ॥177॥

धात्वर्थेनोक्तकर्मत्वात् एतावकर्मकौ यथा ।
राध्यति सेक्षते गर्गः कृष्णायेति पुराणविद् ॥178॥

15. रुच्यर्थानां प्रीयमाणः 1/4/33

रुच्यर्थानां प्रयोगे स्यात् सम्प्रदानत्वबोधनम् ।
प्रीयमाणस्य भक्तिः त्वै रोचते हरये यथा ॥179॥

रुचधातोश्च भावः स्याद् अभिलाषोऽन्यकर्तृकः ।
प्रीत्याश्रये निषेधो हि सः भक्तिमभिलष्यति ॥180॥

16. श्लाघहनुङ्स्थाशपां ज्ञीप्स्यमानः 1/4/34

इष्टो बोधयितुं ह्येषां स्यात् सम्प्रदानता तथा ।
श्लाघह्नुङ्स्थाशपां ज्ञीप्स्यमानरिति च बुध्यते ॥181॥

कृष्णाय श्लाघते तिष्ठते ह्नुते शपते तथा ।
ज्ञीप्स्मानाद्धि देवाय श्लाघते पथि जायते ॥182॥

17. स्पृहेरीप्सितः 1/4/36

स्पृहधातोः णिजन्तस्य संज्ञेयमिप्सिते तथा ।
स स्पृहयति पुष्पेभ्यरिति चोद्देश्यबोधकम् ॥183॥

सम्प्रदानञ्च कर्तव्यमिप्सितमात्रबोधने ।
प्रकर्षे तु परत्वाच्च पुष्पाणीति स्थितिर्यथा ॥184॥

पञ्चमीकारकम् —

1. अकर्तर्यृणे पञ्चमी 2/3/24

हेतुभूताद् अकर्तर्यृणे पञ्चमीति सूत्रितम् ।
कर्तृभिन्नं ह्यृणं यत्र पञ्चमीद्योतनाय च ॥185॥

2. अन्तर्धौ येनादर्शनमिच्छति 1/4/28

इच्छक्रियानुकूलस्य कर्तुरदर्शनञ्च वै ।
व्यवधाने सति स्याद्धि मातुर्निलीयते यथा ॥186॥

सत्यपि दर्शनेऽपादानाय ह्यदर्शनेप्सिते ।
इच्छतिग्रहणं सूत्रे सूत्रकारस्य मन्थनम् ॥187॥

3. अन्यारादितरर्तेदिक्शब्दाञ्चूत्तरपदाजाहियुक्ते 2/3/29

उपपदविधित्वेन पञ्चमीसाधनाय च ।
अन्यारादितरर्तेदिक्शब्देति कथितं हि तैः ॥188॥

अन्यारादादिभिर्योगेऽष्टभिः स्यात् पञ्चमी तथा ।
यथा कृष्णादृतेऽन्यो हि प्राक् ग्रामात् दक्षिणाही वा ॥189॥

अन्यार्थेन घटाद्भिन्नश्च विवादो हि जायते ।
भाष्यकाराशयो नैव परं भट्टोजिना स्मृतम् ॥190॥

4. अपपरी वर्जने 1/4/88

भवत्यपपरी वर्जन इत्यव्यययोः परा ।
कर्मप्रवचनीया च संज्ञा परि हरेः यथा ॥191॥

5. अपादाने पञ्चमी 2/3/28

कापादाने विभक्तिश्च प्रश्नोऽऽयाति समीक्षणात् ।
ब्रवीति पाणिनिर्तत्र स्यादपादानपञ्चमी ॥192॥

ग्रामसंयुक्तरामस्य विभागानाश्रयं हि यत् ।
अपादानं च कर्त्तव्यं यथा ग्रामात् पलायितः ॥193॥

6. आख्यातोपयोगे 1/4/29

उपाध्यायादधीते सा विद्यास्वीकरणे भवेत् ।
तद् आख्यातोपयोगे सूत्रमिति नियमान्विते ॥194॥

कथं नटस्य गाथां श्रृणोतीति सन्ति लौकिकाः ।
नियमपूर्वकस्यैव प्रकथनेन जायते ॥195॥

7. आङ् मर्यादावचने 1/4/89

मर्यादावचने स्यादाङ् कर्मप्रवचनीयकः ।
यथा ह्या सकलाद् ब्रह्मेति कथयन्ति लौकिकाः ॥196॥

8. करणे च स्तोकाल्पकृच्छकतिपयस्यासत्त्ववचनस्य 2/3/33

असत्त्ववचनानां स्यात् तृतीयापञ्चमीविधिः ।
स्तोकादीनां च मुक्तः स्तोकादिति करणे यथा ॥197॥

अद्रव्ये हि भवेद् स्तोकादित्यायासस्य भावना ।
स्तोकेनेत्येव कीर्तिः स्यात् द्रव्ये वृतौ समन्वयात् ॥198॥

9. ध्रुवमपायेऽपादानम् 1/4/24

अपाये स्यादपादानम् अवधिभूतकारकम् ।
प्रकारत्रयमाप्नोति निर्दिष्टविषयादिकम् ॥199॥

जुगुप्साद्यर्थबोधे च पञ्चमीसाधनाय वै ।
निबध्नाति जुगुप्साविरामप्रमादवार्तिकम् ॥200॥

10. जनिकर्तुः प्रकृतिः 1/4/30

विद्यते जनिकर्तुः प्रकृतिरिति विलक्षणम् ।
जायमानस्य हेतोरपादानबोधनाय हि ॥201॥

11. दूरान्तिकार्थेभ्यो द्वितीया च 2/3/35

अथ दूरान्तिकार्थेभ्यो द्वितीया चेति कथ्यते ।
चात् पञ्चमीतृतीये विधिः प्रातिपदिके यथा ॥202॥

दूरं ग्रामस्य दूरेण दूराच्च वेत्ति लौकिकः ।
असत्त्ववचने स्याद्धि दूरः पन्थाश्च तेन वै ॥203॥

12. पञ्चम्यपाङ्परिभिः 2/3/10

स्यादपाङ्परिभिर्योगे त्वै पञ्चम्युक्तसंज्ञकात् ।
कर्मप्रवचनीयस्य गतिरेतादृशी स्मृता ॥204॥

13. पराजेरसोढः 1/4/26

परापूर्वेण पञ्चम्यै जिधातुयोजनेन च ।
असह्यर्थे पराजेरसोढरिति निबन्धितम् ॥205॥

14. पृथक्विनानानाभिस्तृतीयाऽन्यतरस्याम् 2/3/32

पृथग्विनाप्रयोगे स्युः नानायोगे तथैव च ।
त्वै पञ्चमीद्वितीये वा तृतीया फलकारिका ॥206॥

विना रामेण रामात् रामं वा नाना पृथक् तथा ।
आगमने द्वितीयायाः नानावादश्च जायते ॥207॥

15. प्रतिः प्रतिनिधिप्रतिदानयोः 1/4/92

प्रतेः स्यादुक्तसंज्ञा वै कर्मप्रवचनीयका ।
यथा प्रतिनिधावर्थे प्रतिदाने तथा गतिः ॥208॥

16. प्रतिनिधिप्रतिदाने च यस्मात् 2/3/11

स्यात्पञ्चमीविधानं ह्येषां योगे सूत्रमन्थनात् ।
प्रतिनिधिप्रतीत्येतद् पाणिनेः हि समन्वयम् ॥209॥

17. भीत्रार्थानां भयहेतुः 1/4/25

त्राणार्थानां भयार्थानां प्रयोगे भयहेतवः ।
अपादानेन युज्यन्ते यथा चोराद् बिभेति सः ॥210॥

18. भुवः प्रभवः 1/4/31

भुवः प्रभवरित्यैतदपादानत्वसाधकम् ।
हिमवतः च गङ्गा प्रभवतीति प्रकाशने ॥211॥

आधारे स्याच्च कर्मण्यपि हि ल्यब्लोपवार्तिकम् ।
प्रासादात् प्रेक्षते यत्र ल्यबर्थत्वेन पञ्चमी ॥212॥

गम्यमाना क्रिया कारकाणामपि निमित्तिका ।
आगतोऽसीति बुद्ध्या कस्मात् त्वमिति प्रकीर्तितम् ॥213॥

येष्वध्वकालनिर्माणमवधेर्तत्र पञ्चमी ।
सप्तमी येन तद्युक्तादध्वनः प्रथमा तथा ॥214॥

योजनं योजने वा ग्रामो वनादित्युदाहृतम् ।
केनाग्रहायणी मासे कार्तिक्यारिति बुध्यते ॥215॥

कालाच्च सप्तमी वक्तव्येति वार्तिककारणात् ।
सप्तमी पञ्चमी चाथ कालावधित्वयोः यथा ॥216॥

19. वारणार्थानामीप्सितः 1/4/27

वारयति यवेभ्यो गामित्यपाये हि पञ्चमी ।
स्यात् प्रवृत्तिविघातार्थेऽपादानेनेप्सितेन च ॥217॥

इष्टतमस्य कर्मत्वमिष्टेऽपादानमस्ति वै ।
तेन माणवकं वारयत्यग्नेरिति शाब्दिकाः ॥218॥

20. विभाषा गुणेऽस्त्रियाम् 2/3/25

गुणे हेतौ विभाषा गुणेऽस्त्रियामिति पञ्चमी ।
कुत्रचिदगुणे चापि स्त्रियां योगविभाजनात् ॥219॥

जाड्यात् जाड्येन वा बद्धरित्यस्त्रियां गुणे ह्यपि ।
प्रकृतेस्तनुदृष्टेरिति प्रयिकं हि वार्तिकम् ॥220॥

सप्तमीकारकम् —

1. अधिरीश्वरे 1/4/97

अधिरीश्वर इत्येतद् ह्यधेः कार्याय स्मृतम् ।
कर्मप्रवचनीयाय स्वस्वामिभावनात्मके ।।221।।

2. आधारोऽधिकरणम् 1/4/45

कर्तृद्वारा क्रियायाः हि कर्मद्वारा तथा भवेत् ।
अधिकरणसञ्ज्ञं वै तदाधारस्य कारकम् ।।222।।

शास्त्रेऽधिकरणं ज्ञेयं तथौपश्लेषिकं यथा ।
वैषयिकमभिव्यापकञ्च त्रिधा हि सर्वथा ।।223।।

3. आयुक्तकुशलाभ्यां चासेवायाम् 2/3/40

आयुक्तकुशलाभ्यां चासेवायामिति पाणिनिः ।
तन्मात्रसाध्यतात्पर्ये षष्ठी च सप्तमी तथा ।।224।।

यथा वा पूजनेऽऽयुक्तः पूजनस्येति शाब्दिकाः ।
सप्तमी चापि सम्बन्धेऽऽधारे षष्ठीविधायकम् ।।225।।

4. नक्षत्रे च लुपि 2/3/45

नक्षत्रे च लुपीत्येतद् सूत्रं स्मृतं च शाब्दिकैः ।
तल्लुप्तप्रत्ययस्यार्थे नक्षत्रवाचके तथा ।।226।।

मूलेनावहयेद्देवीं मूले वेति च सप्तमी ।
नक्षत्रयुक्तकालार्थे तृतीया प्रत्ययार्थकात् ।।227।।

5. पञ्चमी विभक्ते 2/3/42

निर्धारणावधेः भेदे भवेत्तु तत्र पञ्चमी ।
च पञ्चमी विभक्तेः हि सूत्रकारेण सूत्रितम् ।।228।।

पाटलिपुत्रकेभ्यस्तेऽऽढ्यतराः माथुराः यथा ।
त्रितयोच्चारणेनैव पञ्चम्यन्तस्य साधुता ।।229।।

6. प्रसितोत्सुकाभ्यां तृतीया च 2/3/44

प्रसिताद्धि यथा योगे तृतीया स्याच्च सप्तमी ।
उत्सुकादपि योगे च तत्परार्थे तथा गतिः ॥230॥

उत्सुकः प्रसितो वा सः वा हरौ हरिणेति च ।
सप्तमी वा तृतीया त्वै तत्परार्थे हरिं प्रति ॥231॥

7. यतश्च निर्धारणम् 2/3/41

षष्ठी च सप्तमी ज्ञेया निर्धारणं यतस्ततः ।
गवां वा गोषु कृष्णा हि बहुक्षीरेति गौणता ॥232॥

समूहादेकदेशस्य जात्यादिभिः पृथक्क्रिया ।
व्यावृत्तिकं स्वभिन्नस्य निर्धारणं तथा स्मृतम् ॥233॥

8. यस्मादधिकं यस्य चेश्वरवचनं तत्र सप्तमी 2/3/9

कर्मप्रवचनीयोक्ते यस्मादपेक्षयाऽधिकम् ।
यत्सम्बन्धीश्वरोक्तिश्च ततश्च सप्तमी स्मृतम् ॥234॥

उप गुणाः परार्धे हि हरेरित्यधिकार्थकम् ।
सप्तमेरवधित्वं वै परार्धापेक्षया हरेः ॥235॥

स्वस्वामिभ्यां तु पर्यायाद् ईश्वरार्थे सप्तमी तथा ।
यत्सम्बन्धीश्वरोक्तेश्च यन्निष्ठेश्वरबोधकात् ॥236॥

अधि रामः भुवीत्येतद् भुवः स्वामीति बोधनात् ।
भूः रामेऽधीति रामस्य स्वनिष्ठस्वामीवाचकात् ॥237॥

9. यस्य च भावेन भावलक्षणम् 2/3/37

लक्ष्यते क्रियया यस्य क्रियान्यं सप्तमी ततः ।
कालत्रयान्वितस्यापि तत्क्रियाश्रयवाचकात् ॥238॥

अनिर्णीतस्य बोधस्तु निर्णीतज्ञापनात् स्मृतः ।
लक्ष्यलक्षणभावे हि न भूयोदर्शनादिके ॥239॥

सः गोषु दुह्यमानासु गत इत्यत्र सप्तमी ।
दोहनज्ञापितादत्र कर्तृगमनबोधनम् ।।240।।

अनर्हाणामकर्तृत्वे हि कर्तृक्रिययोः यथा ।
अर्हाणाञ्चापि कर्तृत्वे वैपरीत्ये च सप्तमी ।।241।।

सत्सु तरत्स्वसन्तो हि तत्रासत इति स्मृतम् ।
सत्सु तिष्ठत्स्वसन्तश्च तरन्तीत्यर्हकोभये ।।242।।

तिष्ठत्स्वसत्सु सन्तो हि तरन्तीति गतिर्यथा ।
तरत्स्वसत्सु सन्तश्च तिष्ठन्तीति ह्यनर्हके ।।243।।

10. विभाषा कृञि 1/4/98

कर्मप्रवचनीयत्वं वाधेः कृधातुयोजने ।
गम्यमानेश्वरार्थे हि विभाषा कृञि सूत्रितम् ।।244।।

यद् मामधिकरोतीति विनियोक्तुरिहैश्वरम् ।
कर्मप्रवचनीयत्वे निघातो नागतेर्गतिः ।।245।।

11. षष्ठी चानादरे 2/3/38

षष्ठी चानादरे सूत्रं भावलक्षणबोधकम् ।
आदाराभावगम्ये हि षष्ठी च सप्तमी तथा ।।246।।

सन्न्यस्तवाननादृत्य पुत्रादिकमिति स्मृतौ ।
रुदति रुदतो वा सः प्राव्राजीदिति जायते ।।247।।

12. सप्तमीपञ्चम्यौ कारकमध्ये 2/3/7

शक्तिद्वयस्य मध्ये हि कालाध्वनौ च यौ स्मृतौ ।
एताभ्यां पञ्चमी येन तथा हि सप्तमी भवेत् ।।248।।

अद्य भुक्त्वा द्वयहे वाऽयं द्वयहाद् भोक्तेति कीर्त्यते ।
एककर्तृकशक्त्योश्च मध्ये कालार्थकात् स्मृतम् ।।249।।

क्रोशे क्रोशादिहस्थोऽयं विध्येल्लक्ष्यमित्युच्यते ।
कर्तुः हि कर्मणः शक्त्योः मध्ये देशार्थवाचकात् ॥250॥

पणिपुत्रोपचाराच्च सप्तमी पञ्चमी तथा ।
अधिकशब्दयोगे हि लोकाल्लोकेऽधिको यथा ॥251॥

13. सप्तम्यधिकरणे 2/3/36

विभक्तिः का भवेदत्र चाधिकरणबोधिका ।
अधिकरणिकाधारे विभक्तिरस्ति सप्तमी ॥252॥

सूत्रस्थाद्धि चकारात् स्यात् दूरान्तिकार्थबोधनम् ।
सप्तमी स्यात् तदर्थाच्च दूरे वनस्य वान्तिके ॥253॥

इनो हि प्रकृतेः स्याच्च क्तान्तस्य कर्मणि स्थले ।
व्याकरणे त्वधीतीति वै कर्मार्थकसप्तमी ॥254॥

साध्वसाधुप्रयोगे च सप्तम्यर्थं हि वार्तिकम् ।
साधुः मातरि कृष्णो हि मातुलेऽसाधुरिति त्वै ॥255॥

निमित्तात्कर्मयोगे हि वार्तिकेणापि सप्तमी ।
कर्मयुक्तनिमित्ताद्धि स्वक्रियाफलवाचकात् ॥256॥

चमरीं हन्ति केशेषु द्वीपिनं हन्ति चर्मणि ।
संयोगे समवाये च निमित्तकफले स्मृतम् ॥257॥

14. साधुनिपुणाभ्यामर्चायां सप्तम्यप्रतेः 2/3/43

साधुनिपुणयोगे च सप्तम्यर्चार्थकेऽप्रतेः ।
मातरि निपुणः साधुः वेति सेवार्थबोधनात् ॥258॥

अप्रतेरिति बुद्धिस्तु दाक्षीपुत्रस्य पाणिनेः ।
प्रत्यादीनां निषेधे हि सप्तमी वार्तिकस्मृतात् ॥259॥

मातरं प्रति साधुर्वा पर्यन्विति न सप्तमी ।
प्रत्यादियोजनेऽर्चायां साधुयोगेऽपि तन्न च ॥260॥

15. स्वामीश्वराधिपतिदायादसाक्षिप्रतिभूप्रसूतैश्च 2/3/39

स्वामीश्वरादियोगे हि तौ भवतश्च पाक्षिकात् ।
षष्ठी च सप्तमी तत्र सः गवां गोषु वेश्वरः ॥261॥

गवां वा गोषु दायादः तत्रास्तीति प्रकीर्तितम् ।
स्वामीबोधकता भाष्यादंशहरार्थताऽपरात् ॥262॥

षष्ठीविभक्तिः —

1. अकेनोर्भविष्यदाधमर्ण्ययोः 2/3/70

भविष्यदाधमर्ण्यार्थे इनो योगे भवेद्यथा।
भविष्यति ह्यकस्यापि षष्ठीनिषेधता तथा ॥263॥

सतो हि पालकः तत्र प्रत्यायातीति दृश्यते।
भविष्यत्यर्थकेऽके हि षष्ठी नैव प्रवर्तते ॥264॥

व्रजं गामीति षष्ठी नैवावश्यके णिनिः तथा।
शतं दायीति चेत्यत्राधमर्ण्ये तन्निषेधता ॥265॥

2. अधिकरणवाचिनश्च 2/3/68

क्तस्य योगे हि षष्ठी स्यादधिकरणवाचिनः।
प्रतिषेधापवादेन षष्ठी कर्तरि दृष्यते ॥266॥

आसितमिदमेषां हि भुक्तं वा शयितं गतम्।
अस्ति कर्तरि षष्ठ्येवाधिकरणे क्तयोजने ॥267॥

सकर्मके हि षष्ठी च कर्मणि वै तथा स्मृता।
मध्येऽपवादबोधेन ग्रामस्येषामिदं गतम् ॥268॥

3. अधीगर्थदयेशां कर्मणि 2/3/52

शेषे षष्ठी तयोश्च स्याच्चाधीगर्थस्य कर्मणि।
अधीगर्थदयेशां कर्मणीति तेन सूत्रितम् ॥269॥

अधीगर्थः स्मृतिश्चात्र तदर्थकस्य कर्मणि।
दयधातोः तथा षष्ठीशधातोश्चापि कर्मणि ॥270॥

मातुः स्मरणमित्यत्र षष्ठी प्रतिपदात्मिका।
कर्मीभूतस्य मातुः हि सम्बन्धत्वेन भासनम् ॥271॥

सर्पिषः ईशनं वा च दयनमित्युदाहृतम्।
प्रतिपदविधाना न षष्ठी समस्यते तथा ॥272॥

4. आशिषि नाथः 2/3/55

आशिषि नाथतेः शेषे षष्ठी स्मृता च कर्मणि ।
प्रतिपदविधानात् तद् ह्यसमस्ताय सूत्रितम् ॥273॥

षष्ठी हि नाथतेः योगे सर्पिषो नाथनं यथा ।
ममेदं स्यादितीच्छायां तदैवाशिषि सोच्यते ॥274॥

5. उभयप्राप्तौ कर्मणि 2/3/66

यस्मिन् कृति तयोः प्राप्तिरुभयोः कर्तृकर्मणोः ।
कर्मण्येव भवेत् षष्ठी तत्र चैकनिमित्तके ॥275॥

अगोपेन गवां दोह आश्चर्य इति कर्मणि ।
निमित्तैकेन षष्ठी सा कर्तरि च तृतीयता ॥276॥

सा स्त्रीप्रत्यययोरेव यत्राकाकारयोः मतिः ।
नायं हि नियमो तत्र षष्ठी स्यात् कर्तृकर्मणोः ॥277॥

रुद्रस्य जगतः सैव भेदिकेत्युभयोः भवेत् ।
अकप्रत्यययोगे हि षष्ठीविधिः हि वार्तिकात् ॥278॥

तत्र शेषे विभाषेति वार्तिककारचिन्तनम् ।
भिन्नेऽकाकारयोः ज्ञेया विभाषा नियमस्य हि ॥279॥

वा हरेः हरिणा सृष्टिः विचित्रा जगतो यथा ।
स्त्रीप्रत्यये हि शेषे सः विभाषानियमः स्मृतः ॥280॥

तत्र चाप्यविशेषेण विकल्पनं प्रवर्तते ।
गुरोः वा गुरुणा चापि शब्दानामनुशासनम् ॥281॥

6. एनपा द्वितीया 2/3/31

एनबन्तेन योगे हि द्वितीयायाः विधिः भवेत् ।
दक्षिणेन हि काशीं सः निवसतीति दृश्यते ॥282॥

तत्र योगविभागो हि षष्ठीपक्षकृतां मतः ।
भाष्येऽदर्शनतत्त्वञ्च द्वितीयामात्रबोधकम् ॥283॥

उत्तरेण च सः ग्रामं ग्रामस्य तथैनपा ।
वृत्तिकारस्य षष्ठीं हि मत्वैषा जायते स्थितिः ॥284॥

7. कर्तृकर्मणोः कृति 2/3/65

कृत्प्रत्यये प्रयुक्ते हि षष्ठी स्यात् कर्तृकर्मणोः ।
कर्ता हि जगतः कृष्ण इति यथा च कर्मणि ॥285॥

कृष्णाय कृतिरेषेति सृष्टिः हि कृष्णकर्तृका ।
क्तिन्प्रत्ययस्य योगे च कर्तुः षष्ठी विधीयते ॥286॥

उक्तं वार्तिककारेण गुणकर्मणि वेष्यते ।
षष्ठी भवेद्धि कृद्योगा मुख्यवत् गुणकर्मणि ॥287॥

स्रुघ्नं स्रुघ्नस्य वा नेता वाजिन इति जायते ।
नित्यं षष्ठी प्रधाने हि गौणे दृष्टा विभाषया ॥288॥

प्रत्ययौ धातुना द्वौ स्यातां तिङ्कृत्संज्ञकौ यथा ।
तिङि निषेधता षष्ठ्याः षष्ठी प्रोक्ता कथं कृति ॥289॥

तद्धिते न भवेत् षष्ठी तदर्थं कर्तृकर्मणोः ।
कृतपूर्वी कटं चात्र षष्ठीनिवर्तनं यथा ॥290॥

8. कृञः प्रतियत्ने 2/3/53

प्रतियत्ने कृञः शेषे षष्ठी भवति कर्मणि ।
आधानं हि गुणान्यस्य प्रतियत्नेन चेष्यते ॥291॥
स उपस्कुरुते तेषां मधूनामिति सा यथा ।
सुरभीकरणञ्चात्र प्रतियत्नतया तथा ॥292॥

9. कृत्यानां कर्तरि वा 2/3/71

कृत्यानां हि प्रयोगे सा षष्ठी कर्तरि वा भवेत् ।
कृद्योगस्य हि नित्या या षष्ठी सात्र विकल्पते ॥293॥

मया वा मम सेव्यः सो हरिरित्युभयं स्मृतम् ।
ण्यत्प्रत्ययस्य योगे हि षष्ठ्याः विकल्पनं तथा ॥294॥

नेतव्याः तेन गावो हि व्रजमित्यपि दृश्यते ।
कृत्यानामिति योगस्य विभागात् प्रतिषेधता ॥295॥

10. कृत्वोऽर्थप्रयोगे कालेऽधिकरणे 2/3/64

कृत्वोऽर्थानां प्रयोगे हि शेषे षष्ठी भवेत् तथा ।
तदधिकरणे काले द्विरह्नो भोजनं यथा ॥296॥

तं देवं शतकृत्वोऽह्नो नमामीति यथा भवेत् ।
कालेऽहनि हि षष्ठी क्रियावृत्तिगणनेऽधुना ॥297॥

11. क्तस्य च वर्तमाने 2/3/67

वर्तमानार्थकक्तस्य योगे षष्ठी विधीयते ।
क्तस्य च वर्तमाने हि सूत्रयति च पाणिनिः ॥298॥

कृद्योगलक्षणा षष्ठी नैव भवेत् निषेधनात् ।
निषेधस्यापवादे हि षष्ठ्येषा जायते तथा॥299॥

राज्ञां वा पूजितो बुद्धो मतश्चेति कर्तरि ।
क्तप्रत्ययस्य योगे सा वर्तमानस्य बोधने ॥300॥

12. चतुर्थी चाशिष्यायुष्यमद्रभद्रकुशलसुखार्थहितैः 2/3/73

आयुष्यमद्रभद्रानां तदर्थानां च योजने ।
सुखार्थकुशलानाञ्च हितस्यापि च तौ स्मृतौ ॥301॥

स्यातां षष्ठीचतुर्थ्यौ हि तत्राशिषि विभाषया ।
भूयात् कृष्णाय कृष्णस्य वाऽऽयुष्यमिति चाशिषि ॥302॥

भृत्यव्रजस्य भूयाद्धि सुहृदे कुशलं यथा ।
कुशलयोजने तौ हि सर्वत्राशिषि बोधने ॥303॥

13. जासिनिप्रहणनाटक्राथपिषां हिंसायाम् 2/3/56

हिंसार्थे जासिधातोश्च नाटक्राथपिषामपि ।
तथा निप्रहणस्यापि षष्ठी शेषे हि कर्मणि ।।304।।

विरहे हि प्रियायाः सा ममोज्जासयति स्मृतिः ।
अस्मत्सम्बन्धिनी हिंसा षष्ठीविधानकारिका ।।305।।

यथा प्रहणनं बुद्धेः मनसः क्राथनं तथा ।
शेषत्वे कर्मणः षष्ठी ज्ञेया सूत्रोपबोधनात् ।।306।।

पेषणं वृषलस्येति शेषे सा कर्मणि स्मृता ।
कर्मषष्ठी हि हिंसायां धानापेषणमन्यथा ।।307।।

14. ज्ञोऽविदर्थस्य करणे 2/3/51

अविदर्थस्य जानातेः षष्ठी प्रतिपदात्मिका ।
तस्य च करणे ज्ञेया सम्बन्धेन विवक्षिते ।।308।।

तत्र हि सर्पिषो ज्ञानमिति यथा प्रयुज्यते ।
करणीभूतसर्पिः यत् तत्सम्बन्धिप्रवर्तना ।।309।।

16. तुल्यार्थैरतुलोपमाभ्यां तृतीयान्यतरस्याम् 2/3/72

तत्रातुलोपमाभ्यां हि योगे तुल्यार्थकैः तथा ।
षष्ठी स्यातां तृतीया च मात्रेऽनव्यययोजने ।।310।।

समः कृष्णेन कृष्णस्य तुल्यो वा सदृशो यथा ।
तृतीयायाः विधानं हि षष्ठ्याश्चापि तदर्थने ।।311।।

17. दिवस्तदर्थस्य 2/3/58

तद्रूपव्यवहारार्थस्य द्यूतार्थस्य चापि सा ।
दिवः कर्मणि षष्ठी स्यात् शेषत्वस्याविवक्षिते ।।312।।

शतस्य दीव्यतीति स्यात् षष्ठी दिवो हि कर्मणि ।
सम्बन्धस्य प्रकारत्वं न कर्मत्वप्रकारके ।।313।।

18. दूरान्तिकार्थैः षष्ठ्यन्यतरस्याम् 2/3/34

दूरार्थेणान्तिकार्थेण योगे षष्ठी च पञ्चमी ।
यदपेक्षं हि तत्त्वञ्च ततः ते फलकारिके ।।314।।

ग्रामात् ग्रामस्य दूरं वा निकटमित्युदाहृतम् ।
दूरादियोजने ज्ञेये ते विकल्पेन तत्र हि ।।315।।

19. न लोकाव्ययनिष्ठाखलर्थतृनाम् 2/3/69

षष्ठीविधिनिषेधाय तत्र हि कर्तृकर्मणोः ।
न लोकाव्ययनिष्ठाखलर्थतृनामिति स्मृतम् ।।316।।

लादेशोप्रत्ययान्तानां निष्ठान्तानां च योजने ।
उकान्तानां खलर्थानामव्ययानां तृनां न सा ।।317।।

पेचिवानोदनं राम इति षष्ठी न कर्मणि ।
वै लसम्बन्धिनो योगे द्वितीया क्वसुयोजने ।।318।।

हरिमलङ्करिष्णुः स इति षष्ठीनिषेधता ।
उप्रत्ययान्तस्य योगे हि द्वितीया तस्य कर्मणि ।।319।।

घातुको हि हरिः दैत्यानित्युकान्तस्य कर्मणि ।
जगत् सृष्ट्वा सुखं कर्तुमिति कृदव्यये हि सा ।।320।।

विष्णुः हि हतवान् दैत्यानिति षष्ठी न कर्मणि ।
निष्ठाक्तवतुयोगेन कृद्योदलक्षणा हि सा ।।321।।

ईषत्करः प्रपञ्चो हि हरिणेति प्रकीर्तितम् ।
कर्मवाच्ये खलः योगे तृतीयैवास्ति कर्तरि ।।322।।

तृन्निति प्रत्ययो नैव प्रत्याहारेण बुद्ध्यते ।
तदंशस्याप्रयोगेन शत्रादेशो न गृह्यते ।।323।।

उकान्तस्य कमेर्योगे षष्ठ्यनिषेधता स्मृता ।
वार्तिकाज्ज्ञायते षष्ठी लक्ष्म्याः हि कामुको हरिः ।।324।।

तत्र द्विषः शतुर्वेति षष्ठीविकल्पनाय च ।
वार्तिकं सर्वथा ज्ञेयं मुरं मुरस्य वा द्विषन् ॥325॥

20. प्रेष्यब्रुवोर्हविषो देवतासम्प्रदाने 2/3/61

देवतासम्प्रदानेऽर्थे प्रेष्यब्रुवोः हि कर्मणोः ।
हविषो वाचकाच्छब्दात् ज्ञेया षष्ठी हि सर्वथा ॥326॥

अग्नये प्रेष्य छागस्य वपायाः मेदसो यथा ।
अध्वर्युकर्तृके प्रैषे षष्ठी हि कर्मबोधकात् ॥327॥

21. रुजार्थानां भाववचनानामज्वरे 2/3/54

रुजार्थकस्य धातोश्च षष्ठी शेषे हि कर्मणि ।
सा भावकर्तृकस्यैव ज्वरिभिन्नस्य पाणिनिः ॥328॥

शैत्यं रुजति मे काले विरहे च प्रियामुखे ।
रुजार्थस्य प्रयोगे हि षष्ठ्यस्मन्निष्ठकर्मणि ॥329॥

ज्वरिभिन्नस्य धातोर्न षष्ठी प्रतिपदात्मिका ।
सन्तापवर्जितस्यापि सा न ज्ञेया हि वार्तिकात् ॥330॥

चौरज्वरो हि रोगस्येति षष्ठी च विधीयते ।
शेषषष्ठ्याः समासो हि भवत्येव स्वशास्त्रतः ॥331॥

22. विभाषोपसर्गे 2/3/59

तद्रूपव्यवहारार्थे द्यूतार्थे च दिवो भवेत् ।
षष्ठी हि सोपसर्गस्य विकल्पेन हि कर्मणि ॥332॥

प्रतिदीव्यति वा देवः शतस्य शतमित्यपि ।
षष्ठी विभाषया ज्ञेया द्यूतार्थे सोपसर्गनात् ॥333॥

23. व्यवहृपणोः समर्थयोः 2/3/57

व्यवहृपणधात्वोश्च समर्थयोः विधीयते ।
कर्मणि चात्र षष्ठी हि शेषत्वेन विवक्षिते ॥334॥

द्यूतस्य व्यवहारेऽपि क्रयविक्रयता तथा।
तद्व्यवहारमादाय तुल्यता चात्र न स्तुतौ ॥335॥

धनानां पणते तत्र सः वणिगापणे यथा।
कर्मीभूतधनस्यैव सम्बद्धक्रयणे हि सा ॥336॥

सः व्यवहरते तेषां धनमाप्तुं च चर्मणाम्।
विक्रयार्थे हि षष्ठी सा कर्मणि चर्मणि स्मृता ॥337॥

24. षष्ठी शेषे 2/3/50

स्वस्वामिभावसम्बन्धे कारकव्यतिरिक्तके।
व्यतिरिक्तेऽपि च प्रातिपदिकार्थात् भवेच्च का ॥338॥

शेषे भवति षष्ठी च स्यात् राज्ञः पुरुषो यथा।
स्वस्वामिभावरूपात्मा सम्बन्धो ह्यवगच्छति ॥339॥

कारकाणां विवक्षा हि सम्बन्धमात्रबोधिका।
तत्र शेषेऽपि षष्ठी वै सतां गतं यथा स्मृतम् ॥340॥

सर्पिस्सम्बन्धिनी वृत्तिः यथा ज्ञानं च सर्पिषः।
करणत्वाविवक्षाऽत्र शेषरूपेण चागता ॥341॥

25. षष्ठी हेतुप्रयोगे 2/3/36

षष्ठी हेतुप्रयोगे हि षष्ठीविधायकं मतम्।
हेतुशब्दप्रयोगे सा हेतौ द्योत्ये तथा स्मृता ॥342॥

तद्धेतुहेतुमद्भावैरितरान्वयता यदा।
ज्ञेया तदैव षष्ठी च पश्याऽन्नं हेतुमित्यपि ॥343॥

वसत्यन्नस्य हेतोः स इति हेतुप्रयुक्तके।
हेतुनाऽन्यान्वये सर्वं ज्ञेयं शास्त्रोपचारणात् ॥344॥

26. षष्ठ्यतसर्थप्रत्ययेन 2/3/30

अतसुच्प्रत्ययस्यार्थ एवार्थो यस्य तेन हि ।
योगे भवति षष्ठ्यैव पञ्चम्या अपवादिका ॥345॥

काननस्य पुरस्ताद्धि दक्षिणतः पुरस्तथा ।
अतसर्थे प्रयोगोऽत्र दिग्कालार्थबोधने ॥346॥

27. सर्वनाम्नस्तृतीया च 2/3/27

सर्वनाम्नस्तृतीया च विभक्तिद्वयसाधकम् ।
ते विभक्ती तृतीया हि षष्ठी चापि प्रकीर्तिते ॥347॥

हेतुशब्दप्रयोगे हि हेतौ द्योत्ये यथा तथा ।
प्रयोगे सर्वनाम्नोऽपि षष्ठी चात्र तृतीयता ॥348॥

वसति कस्य हेतोः सः हेतुना केन वेति च ।
हेतोश्च सर्वनाम्नो हि ते हेतुवाचकात् स्मृते ॥349॥

योगे निमित्तपर्यायाणां प्रायेण च दृश्यते ।
सर्वासां हि विभक्तीनां प्रयोगो वार्तिकात् तथा ॥350॥

वसति किं निमित्तं सः निमित्तेन च केन वा ।
सामानाधिकरण्येऽपि निमित्तयोजने तथा ॥351॥

॥ इति शर्मसुरेशचन्द्रात्मजेनाशीषवशिष्ठेन विरचितः कारकरसार्णवः समाप्तः ॥

परिशिष्ट (अ)
अथ वार्तिकपाठः कारकप्रकरणम्

परिशिष्ट (अ)
अथ वार्तिकपाठः कारकप्रकरणम्

- अकर्मकधातुभिर्योगे देशः कालो भावो गन्तव्योऽध्वा चकर्मसंज्ञक इति वाच्यम्।
- नीवह्योर्न।
- नियन्तृकर्तृकस्य वहेरनिषेधः।
- आदिखाद्योर्न।
- भक्षेरहिंसार्थस्य न।
- जल्पतिप्रभृतीनामुपसंख्यानम्।
- दृशेश्च।
- शब्दायतेर्न।
- अभिवादिदृशोरात्मनेपदे वेति वाच्यम्।
- अभुक्त्यर्थकस्य न।
- उभसर्वतसोः कार्य्या धिगुपर्य्यादिषु त्रिषु। द्वितीयाऽऽम्रेडितान्तेषु ततोऽन्यत्रापि दृश्यते
- अभितःपरितःसमयानिकषाहाप्रतियोगेऽपि।
- प्रकृत्यादिभ्य उपसङ्ख्यानम्।
- अशिष्टव्यवहारे दाणः प्रयोगे चतुर्थ्यर्थे तृतीया।
- क्रियया यमभिप्रैति सोऽपि सम्प्रदानम्।
- यजेः कर्मणः करणसंज्ञा सम्प्रदानस्य च कर्मसंज्ञा।
- तादर्थ्ये चतुर्थी वाच्या।
- क्लृपि सम्पद्यमाने च।
- उत्पातेन ज्ञापिते च।
- हितयोगे च।
- अप्राणिष्वित्यपनीय नौकाकान्नशुकश्रृगालवर्जेष्विति वाच्यम्।
- जुगुप्साविरामप्रमादार्थानामुपसंख्यानम्।

- ल्यब्लोपे कर्मण्यधिकरणे च ।
- गम्यमानाऽपि क्रिया कारकविभक्तीनां निमित्तम् ।
- यतश्चाध्वकालनिर्माणं तत्र पञ्चमी ।
- तद्युक्तादध्वनः प्रथमासप्तम्यौ
- कालात्सप्तमी च वक्तव्या ।
- निमित्तपर्यायप्रयोगे सर्वासां प्रायदर्शनम् ।
- अज्वरिसन्ताप्योरिति वाच्यम् ।
- गुणकर्मणि वेष्यते ।
- स्त्रीप्रत्यययोरकाकारयोर्नायं नियमः ।
- शेषे विभाषा ।
- कमेरनिषेधः ।
- द्विषः शतुर्वा ।
- क्तस्येन्विषयस्य कर्मण्युपसङ्ख्यानम् ।
- साध्वसाधुप्रयोगे च ।
- निमित्तात्कर्मयोगे ।
- अर्हाणां कर्तृत्वेऽनर्हाणामकर्तृत्वे तद्वैपरीत्ये च ।
- अप्रकृत्यादिभिरिति वक्तव्यम् ।

॥ इति कारकप्रकरणस्य वार्तिकपाठः ॥

परिशिष्ट (ब)
अथ परिभाषापाठः

परिशिष्ट (ब)
अथ परिभाषापाठः

- व्याख्यानतो विशेषप्रतिपतिर्न हि सन्देहादलक्षणम् ।
- यथोद्देशं संज्ञापरिभाषम् ।
- कार्यकालं संज्ञापरिभाषम्
- अनेकान्ता अनुबन्धाः ।
- एकान्ता अनुबन्धाः ।
- नानुबन्धकृतमनेकालत्वम्
- नानुबन्धकृतमनेजन्तत्वम्
- नानुबन्धकृतमसारूप्यम् ।
- उभयगतिरिह भवति ।
- कार्यमनुभवन् हि कार्यी निमित्ततया नाश्रीयते ।
- यदागमास्तद्गुणीभूतास्तद्ग्रहणेन गृह्यन्ते ।
- निर्दिश्यमानस्यादेशा भवन्ति ।
- यत्रानेकविधमान्तर्यं तत्र स्थानत आन्तर्यं बलीयः ।
- अर्थवद्ग्रहणे नानर्थकस्य ग्रहणम्।
- गौणमुख्ययोर्मुख्ये कार्यसम्प्रत्ययः ।
- अनिनस्मन्ग्रहणान्यर्थवता चानर्थकेनापि तदन्तविधिं प्रयोजयन्ति ।
- एकयोगनिर्दिष्टानां सह वा प्रवृत्तिः सह वा निवृत्तिः ।
- एकयोगनिर्दिष्टानां क्वचिदेकदेशोऽप्यनुवर्तते ।
- भाव्यमानेन सवर्णानां ग्रहणं न ।
- भाव्यमानोऽप्युकारस्सवर्णान्न गृह्णाति ।
- वर्णाश्रये नास्ति प्रत्ययलक्षणम् ।
- उणादयोऽव्युत्पन्नानि प्रातिपदिकानि ।

- प्रत्ययग्रहणे यस्मात्स विहितस्तदादेस्तदन्तस्य ग्रहणम् ।
- प्रत्यग्रहणे चापञ्चम्याः ।
- उत्तरपदाधिकारे प्रत्ययग्रहणे न तदन्तग्रहणम् ।
- स्त्रीप्रत्यये चानुपसर्जने न ।
- संज्ञाविधौ प्रत्ययग्रहणे तदन्तग्रहणं नास्ति ।
- कृद्ग्रहणे गतिकारकपूर्वस्यापि ग्रहणम् ।
- पदाङ्गाधिकारे तस्य च तदन्तस्य च ।
- व्यपदेशिवदेकस्मिन् ।
- ग्रहणवता प्रातिपदिकेन तदन्तविधिर्नास्ति ।
- व्यपदेशिवद्भावोऽप्रातिपदिकेन ।
- यस्मिन्विधिस्तदादावल्ग्रहणे ।
- सर्वो द्वन्द्वो विभाषयैकवद्भवति ।
- सर्वे विधयश्छन्दसि विकल्प्यन्ते ।
- प्रकृतिवदनुकरणं भवति ।
- एकदेशविकृतमनन्यवत् ।
- पूर्वपरनित्यान्तरङ्गापवादानामुत्तरोत्तरं बलीयः ।
- पुनः प्रसङ्गविज्ञानात्सिद्धम् ।
- सकृद्गतौ विप्रतिषेधे यद्बाधितं तद्बाधितमेव ।
- विकरणेभ्यो नियमो बलीयान्
- परान्नित्यं बलवत् ।
- कृताऽकृतप्रसङ्गिः नित्यम्
- शब्दान्तरस्य प्राप्नुवन्विधिरनित्यो भवति ।
- शब्दान्तरात्प्राप्नुवतः शब्दान्तरे प्राप्नुवतश्चाऽनित्यम्
- लक्षणान्तरेण प्राप्नुवन्विधिरनित्यः
- क्वचिद्कृताकृतप्रसङ्गमात्रेणापि नित्यता ।

- यस्य च लक्षणान्तरेण निमित्तं विहन्यते न तदनित्यम्।
- यस्य च लक्षणान्तरेण निमित्तं विहन्यते तदप्यनित्यम्।
- स्वरभिन्नस्य च प्राप्नुवन्विधिरनित्यः।
- असिद्धं बहिरङ्गमन्तरङ्गे।
- नाजानन्तर्ये बहिष्ट्वप्रक्लृप्तिः।
- अन्तरङ्गानपि विधिन्बहिरङ्गो लुक् बाधते।
- पूर्वोत्तरपदनिमित्तकार्यात्पूर्वमन्तरङ्गोऽप्येकादेशो न।
- अन्तरङ्गानपि विधीन् बहिरङ्गो ल्यब्बाधते।
- वार्णादाङ्गं बलीयो भवति।
- अकृतव्यूहाः पाणिनियाः
- येन नाप्राप्ते यो विधिरारभ्यते स तस्य बाधको भवति
- अन्तरङ्गादप्यपवादो बलीयान्।
- क्वचिदपवादविषयेऽप्युत्सर्गोऽभिनिविशते।
- पुरस्तादपवादा अन्तरङ्गान् विधीन् बाधन्ते नोत्तरान्।
- मध्येऽपवादाः पूर्वान्विधीन् बाधन्ते नोत्तरान्।
- अनन्तरस्य विधिर्वा भवति प्रतिषेधो वेति।
- पूर्वं ह्यपवादाभिनिविशन्ते पश्चादुत्सर्गाः।
- प्रकल्प्य चापवादविषयं तत उत्सर्गोऽभिनिविशते
- उपसञ्जनिष्यमाणनिमित्तोऽप्यपवाद उपसञ्जातनिमित्तमप्युत्सर्गं बाधते।
- अपवादो यद्यन्यत्र चरितार्थस्तर्ह्यन्तरङ्गेण बाध्यते
- अभ्यासविकारेषु बाध्यबाधकभावो नास्ति।
- ताच्छीलिकेषु वासरूपविधिर्नास्ति।
- क्तल्युटतुमुन्खलर्थेषु वासरूपविधिर्नास्ति।
- लादेशेषु वासरूपनिधिर्नास्ति।
- उभयनिर्देशे पञ्चमीनिर्देशो बलीयान्।

- प्रातिपदिकग्रहणे लिङ्गविशिष्टस्यापि ग्रहणम् ।
- विभक्तौ लिङ्गविशिष्टाग्रहणम् ।
- सूत्रे लिङ्गवचनमतन्त्रम् ।
- नञिवयुक्तमन्यसदृशाधिकरणे तथा ह्यर्थगतिः
- गतिकारकोपपदानां कृद्भि सह समासवचनं प्राक् सुबुत्पत्तेः
- साम्प्रतिकाभावे भूतपूर्वगतिः
- बहुवीह्रौ तद्गुणसंविज्ञानमपि
- चानुकृष्टं नोत्तरत्र
- स्वरविधौ व्यञ्जनमविद्यमानवत् ।
- हलस्वरप्राप्तौ व्यञ्जनमपविद्यमानवत् ।
- निरनुबन्धकग्रहमे न सानुबन्धकस्य ग्रहणम् ।
- तदनुबन्धकग्रहणे नातदानुबन्धकस्य ।
- क्वचितस्वार्थिकाः प्रकृतितो लिङ्गवचनान्यतिवर्तन्ते ।
- समासान्तविधिरनित्यः ।
- सन्निपातलक्षणो विधिरनिमित्तं तद्विघातस्य ।
- सन्नियोगशिष्टानामन्यतरापाये उभयोरप्यपायः ।
- ताच्छीलिके णेऽण्कृतानि भवन्ति ।
- धातोः कार्यमुच्यमानं तत्प्रत्यये भवति ।
- तन्मध्यपतितस्तद्ग्रहणेन गृह्यते ।
- लुग्विकरणालुग्विकरणयोरलुग्विकरणस्य ।
- प्रकृतिग्रहणे ण्यधिकस्यापि ग्रहणम् ।
- अङ्गवृत्ते पुनर्वृत्तावविधिः ।
- संज्ञापूर्वकविधेरनित्यत्वम् ।
- आगमशास्त्रमनित्यम् ।
- गणकार्यमनित्यम् ।

- अनुदात्तेत्वलक्षणमात्मनेपदमनित्यम्।
- नञ्घटितमनित्यम्।
- आतिदेशिकमनित्यम्
- सर्वविधिभ्यो लुग्विधिरिड्विधिश्च बलवान्।
- प्रकृतिग्रहणे यङ्लुगन्तस्यापि ग्रहणम्।
- विधौ परिभाषोपतिष्ठते नानुवादे।
- उपपदविभक्तेः कारकविभक्तिर्बलीयसी।
- अनन्त्यविकारेऽन्त्यसदेशस्य।
- नानर्थकेऽलोऽन्त्यविधिरनभ्यासविकारे।
- प्रधानाप्रधानयोः प्रधाने कार्यसम्प्रत्ययः
- अवयवप्रसिद्धेः समुदायप्रसिद्धिर्बलीयसी।
- व्यवस्थितविभाषयापि कार्याणि क्रियन्ते।
- विधिनियमसम्भवे विधिरेव ज्यायान्।
- सामान्यातिदेशे विशेषानतिदेशः।
- प्रत्ययाप्रत्यययोः प्रत्ययस्यैव ग्रहणम्।
- सहचरितासहचरितयोस्सहचरितस्यैव ग्रहणम्।
- श्रुतानुमितयोः श्रुतसम्बन्धो बलीयान्।
- लक्षणप्रतिपदोक्तयोः प्रतिपदोक्तस्यैव ग्रहणम्।
- गामादाग्रहणेष्वविशेषः॥
- प्रत्येकं वाक्यपरिसमाप्तिः।
- क्वचित्समुदायेऽपि।
- अभेदकाः गुणाः।
- बाधकान्येव निपातनानि।
- पर्जन्यवल्लक्षणप्रवृत्तिः।
- लक्ष्ये लक्षणं सकृदेव प्रवर्तते।

- निषेधाश्च बलीयांसः ।
- अनिर्दिष्टार्थाः प्रत्ययाः स्वार्थे ।
- योगविभागादिष्टसिद्धिः ।
- पर्यायशब्दानां लाघवगौरव चर्चा नाद्रियते ।
- ज्ञापकसिद्ध न सर्वत्र ।
- पूर्वत्रासिद्धमद्वित्वे ।
- एकस्या आकृतेश्चरितः प्रयोगो द्वितीयस्यास्तृतीयस्याश्च न भविष्यति ।
- सम्प्रसारणं तदाश्रयं च कार्यं बलवत्
- क्वचिद्विकृतिः प्रकृतिं गृह्णाति
- औपदेशिकप्रयोगिकयोरौपदेशिकस्यैव ग्रहणम्
- श्तिपाशपानुबन्धेन निर्दिष्टं यद्गणेन च । यत्रैकाज्ग्रहणं चैव पञ्चैतानि न यङ्लुकि ॥
- पदगौरवाद्योगविभागो गरीयान् ।
- अर्धमात्रालाघवेन पुत्रोत्सवं मन्यन्ते वैयाकरणाः ।

॥ इति परिभाषापाठः ॥

परिशिष्ट (स)
सहायकग्रन्थ सूची

परिशिष्ट (स)
सहायकग्रन्थ सूची

1. पुष्पादीक्षितः, पाणिनिः, अष्टाध्यायीसूत्रपाठः, संस्कृतभारती,नवदेहली

2. कल्याण,श्रीलिङ्गमहापुराणाङ्क, गीताप्रेस, गोरखपुर

3. पुष्पादीक्षितः, पाणिनिः, धातुपाठः, संस्कृतभारती,नवदेहली

4. लोकमणिदाहालः, नागेशभट्टः, परमलघुमञ्जुषा, चौखम्भा सुरभारती,वाराणासी

5. श्रीविश्वनाथमिश्रः, नागेशभट्टः, परिभाषेन्दुशेखरः, चौखम्भा सुरभारती,वाराणासी

6. श्रीशिवकान्तझा, पाणिनीयसूत्रार्थतत्त्वालोकः, हंसा प्रकाशन, जयपुर

7. श्रीवेदव्यासः, भागवतमहापुराणम् (श्रीधरीटीका), मोतीलालबनारसीदास

8. कपिलदेवद्विवेदी, भाषाविज्ञान एवं भाषाशास्त्र, विश्वविद्यालयप्रकाशन,वाराणासी

9. यास्कः, यास्कनिरुक्तम्, हेमचन्द्रलक्ष्मणदासप्रकाशकः

10. प.वेदानन्दझा, भर्तृहरिः, वाक्यपदीयम्, मन्दाकिनीसंस्कृतविद्वत्परिषद्

11. चन्द्रिकाप्रसादद्विवेदी, कौण्डभट्टः, वै. भूषणसारः, चौखम्भासंस्कृतप्रतिष्ठानम्

12. गोपालदत्तपाण्डेयः,भट्टोजिदीक्षितः,वै.सिद्धान्तकौमुदी, चौखम्भा सुरभारती,वाराणासी

13. श्रीशिवकान्तझा, व्याकरणतत्त्वादर्शः, जगदीशसंस्कृतपुस्तकालय, जयपुर

14. गुरुप्रसादशास्त्री, पतञ्जलिः,व्याकरणमहाभाष्यम्, राष्ट्रियसंस्कृतसंस्थानम्

15. जयशंकरलालत्रिपाठी, पतञ्जलिः,व्याकरणमहाभाष्यम्,कृष्णदास अकादमी,वाराणासी

16. श्रीपट्टाभिरामशास्त्री, व्यासः, व्यासशिक्षा, चौखम्भासंस्कृतप्रतिष्ठानम्

17. प.ताराकान्तझा,नागेशभट्टः, लघुशब्देन्दुशेखरः, कामेश्वरसंस्कृतवि.वि.,दरभंगा

18. श्रीब्रह्मदत्तद्विवेदी,नागेशभट्टः, लघुशब्देन्दुशेखरः, चौखम्भा सुरभारती,वाराणासी

19. युधिष्ठिर मीमांसक, संस्कृतव्याकरणशास्त्र का इतिहास, चौखम्भा सुरभारती,वाराणासी

20. श्रीशिवकान्तझा, स्फोटतत्त्वमीमांसा, दधीमथीप्रकाशनम्, जयपुर

21. श्रीवेदव्यासः, श्रीमद्भागवतमहापुराणम्-द्वितीयखण्डः, गीताप्रेस, गोरखपुर

About Author

Name :   Mr. Ashish Vashisath

Educational Qualification :   Acharya in Navya-Vyakarana,
NET-JRF,
Ph.D in Vyakarana (Pursuing)

Awards and Rewards :   **Dr. Bhagwat Prasad Dube Smriti Puraskar** by Rashtriya Sanskrit Sansthan, New Delhi

Gold Medal (Dr.Ramkaran Sharma Swarn Padak) For got 1st Rank in Acharya by Rashtriya Sanskrit Sansthan, New Delhi

Gold Medal For got 1st Rank in Shastri by Rashtriya Sanskrit Sansthan, New Delhi

Silver Medal For got 5th Rank in Varishtopadhyay by Rajasthan Senior Secondary Board, Ajmer

Silver Medal For got 5th Rank in Praveshika by Rajasthan Senior Secondary Board, Ajmer

Bronze Medal For Got 3rd Rank in Vyakarana Shalaka Competition'2011 On the Book वाक्यपदीयम् ब्रह्मकाण्डम् conducted by Rashtriya Sanskrit Sansthan, New Delhi.

Bronze Medal For Got 3rd Rank in Vyakarana Shalaka Competition'2012 On the Book महाभाष्ये प्रत्याहाराह्निकम् conducted by Rashtriya Sanskrit Sansthan, New Delhi.

Two time Awarded at State Level for getting 1st rank in Shastri and Acharya by Department of Sanskrit, Government of Rajasthan.

Email Id :   ashishvashisath@gmail.com
ashishvashisath@yahoo.in

www.ingramcontent.com/pod-product-compliance
Lightning Source LLC
Chambersburg PA
CBHW060424050426
42449CB00009B/2124